Wilhelm von Seeler

# Das Miteigentum, nach dem Bürgerlichen Gesetzbuch für das Deutsche Reich

Wilhelm von Seeler

**Das Miteigentum, nach dem Bürgerlichen Gesetzbuch für das Deutsche Reich**

ISBN/EAN: 9783743657427

Hergestellt in Europa, USA, Kanada, Australien, Japan

Cover: Foto ©Suzi / pixelio.de

Weitere Bücher finden Sie auf **www.hansebooks.com**

# DAS MITEIGENTHUM

## NACH DEM BÜRGERLICHEN GESETZBUCH FÜR DAS DEUTSCHE REICH

# DAS MITEIGENTHUM

## NACH DEM BÜRGERLICHEN GESETZBUCH FÜR DAS DEUTSCHE REICH

VON

## WILHELM v. SEELER
ORD. PROFESSOR DER RECHTE IN KIEW

HALLE A. S.
MAX NIEMEYER
1899

# Vorwort.

Die Hauptaufgabe, die ich mir bei der vorliegenden Untersuchung stellte, war: aus den abstrakten Sätzen des B. G. B. deren konkreten Gehalt herauszuarbeiten.

Dabei musste aber auch der Kritik ein Platz eingeräumt werden, und zwar nicht nur im Hinblick auf künftige legislatorische Verbesserungen des Gesetzes, sondern auch um der Wissenschaft und der Rechtsanwendung, soweit beide zur Ausgestaltung der vorhandenen Rechtssätze berufen sind, einen Dienst zu erweisen.

Denn die Kritik soll uns zeigen, ob wir einer Vorschrift des Gesetzes möglichst weiten Spielraum zu schaffen, oder ob wir ihren Wirkungsbereich auf das durch ihren Wortlaut gestattete Mindestmass einzuengen haben.

In dieser Beziehung giebt es noch viel von den Römern zu lernen. Hören wir was Pomponius über die Thätigkeit des Prätors sagt:

l. 11 D. 19. 5 . . . . sed et eas actiones, quae legibus proditae sunt, si lex justa ac necessaria sit, supplet praetor in eo quod legi deest.

Freilich, die Machtbefugnisse des Prätors besitzt heute weder die Wissenschaft noch die Justiz, aber machtlos sind auch sie nicht, und es wäre schon viel gewonnen, wenn sie die ihnen zu Gebote stehenden Mittel nach dieser Richtung hin verwerthen wollten.

Lex justa ac necessaria! Ein Gesetz, das auf gerechter Abwägung der widerstreitenden Interessen beruht, das von einer gesunden, lebenskräftigen und lebenspendenden Rechtsidee getragen ist — ein gerechtes und zweckmässiges Gesetz!

Ob die Römer im Gegensatz hierzu von einer lex injusta ac inepta sprachen, weiss ich nicht, jedenfalls aber gab es in Rom Gesetze, deren Wirkungsbereich die Juristen, ohne die Hülfe des Prätors anzurufen, auf ein Minimum einengten.

Solche unbillige, den obersten Aufgaben der Rechtsordnung zuwiderlaufende Gesetze fehlen auch im B. G. B. nicht ganz. Für sie mag gelten was Modestinus sagt:

l. 13 § 2 D. 27. 1 . . . . . *ἀλλ' εἰ καὶ τὰ μάλιστα τὸ ῥητὸν τοῦ νόμου ταύτην ἀποτελεῖ τὴν διάνοιαν, ὅμως ἡ γνώμη τοῦ νομοθέτου ἄλλο βούλεται.*

Dass auch im Munde des Modestinus die „*γνώμη τοῦ νομοθέτου*" nichts anderes bedeutet als die Aufgaben der Rechtsordnung — den Geist oder die Intention des Gesetzes, und zwar nicht der einzelnen Vorschrift, sondern des Gesetzes im Ganzen — das bedarf wohl nur der Erwähnung. Obgleich diese Stelle in griechischer Sprache geschrieben, habe ich doch geglaubt mich auf sie berufen zu dürfen, denn längst ist die Zeit dahin, in der der Spruch galt: „graeca non leguntur".

Möge nie die Zeit kommen, wo es heissen wird: „latina non leguntur"!

Aus dem Vorstehenden wird man entnehmen, dass der Verfasser ein Anhänger der römischen Jurisprudenz ist; vielleicht wird das Nachstehende den Beweis liefern, dass ihn dieses nicht gehindert hat, die lebenskräftigen und zeitgemässen, aus dem altdeutschen Rechte stammenden Rechtsgedanken auch gegenüber dem römischen Rechte zu vertreten.

# Inhaltsverzeichniss.

# Einleitung.

Miteigenthum liegt nach B.G.B. dann vor, wenn „das Eigenthum an einer Sache Mehreren nach Bruchtheilen zusteht" (§ 1008). Steht dagegen das Eigenthum an einer Sache Mehreren zur gesammten Hand zu, so wird ein solches Verhältniss im B.G.B. nicht als Miteigenthum bezeichnet. Ein gesetzlicher terminus, der beide Rechtsformen umfassen könnte, fehlt. Da jedoch das Gesetz von einem gemeinschaftlichen Vermögen, einem gemeinschaftlichen Gegenstand, einem gemeinschaftlichen Recht — ohne Anschung der Gemeinschaftsform redet, so werden wir in allen Fällen, wo das Eigenthum an einer Sache Mehreren zusteht, den Ausdruck „gemeinschaftliches Eigenthum" gebrauchen dürfen.

Die praktisch wichtigsten und im Leben wohl am häufigsten vorkommenden Fälle des gemeinschaftlichen Eigenthums unterliegen nach B.G.B. den Grundsätzen der Gesammthand. Miteigenthum wird im Allgemeinen selten vorkommen; die Hauptfälle, die das Gesetz erörtert, sind folgende:

§ 947. Werden bewegliche Sachen mit einander dergestalt verbunden, dass sie wesentliche Bestandtheile einer einheitlichen Sache werden, so werden die bisherigen Eigenthümer Miteigenthümer dieser Sache.

§ 948. Werden bewegliche Sachen mit einander untrennbar vermischt oder vermengt, so finden die Vorschriften des § 947 entsprechende Anwendung.

Miteigenthum wird in der Regel auch dann vorliegen, wenn ein Baum, ein Strauch (§ 923), eine Hecke oder Mauer auf der Grenze steht, oder wenn ein Graben die Grenze bildet (§ 921—922).

Ferner entsteht Miteigenthum, wenn Mehreren dieselbe Sache vermacht (§ 2157) und ihnen vom Beschwerten übergeben worden ist.

Dieses sind aber natürlich nicht die einzigen Fälle; so liegt z. B. Gesellschaftsvermögen nicht schon dann vor, wenn Mehrere eine Sache etwa auf Grund eines gemeinschaftlichen Kaufes erworben haben, und selbst auch dann nicht, wenn schon vorher ein Gesellschaftsverhältniss zwischen ihnen bestand; vielmehr ist dazu erforderlich, dass eine dahingehende bestimmte Absicht vorhanden ist und verwirklicht wird. Ebenso geht eine im Miteigenthum stehende Sache nicht schon dadurch in das Gesellschaftsvermögen über, dass die Miteigenthümer einen Gesellschaftsvertrag schliessen, und die Sache zu Gesellschaftszwecken bestimmen; vielmehr kann hier das Verhältniss auch so liegen, dass jeder „seinen Antheil" der Gesellschaft nur zur Benutzung überlässt. Steht ferner ein Grundstück im Eigenthum Mehrerer, so liegt Miteigenthum nur dann nicht vor, wenn sich aus der Eintragsbewilligung ergiebt, dass das Recht ihnen Allen zur gesammten Hand zusteht.

Aber auch über diese Fälle hinaus sind die vom B.G.B. für das Miteigenthum aufgestellten Grundsätze von weittragender Bedeutung, da sie in mannigfacher Beziehung auch für die einzelnen Typen der Gesammthand subsidiäre Geltung haben. Hier soll in erster Reihe nur das Miteigenthum untersucht werden, die Gesammthand dagegen nur darauf hin, wie weit bei ihr die subsidiäre Geltung jener Grundsätze reicht.

# Kap. I.

# Die Rechtsbeziehungen der Miteigenthümer zu einander.

## § 1. Vorbemerkungen.

In Uebereinstimmung mit dem römischen Recht bestimmt das B.G.B. im § 744 Abs. 1, dass die Verwaltung des gemeinschaftlichen Gegenstandes den Theilhabern gemeinschaftlich zustehe, so dass zu jedem thatsächlichen Verfügungsakte über die gemeinsame Sache Einhelligkeit aller Miteigenthümer vorhanden sein muss. Hieraus ergiebt sich von selbst, dass jedem einzelnen Miteigenthümer gegen jeden seiner Genossen bezüglich eines jeden thatsächlichen Verfügungsaktes, den dieser an der gemeinsamen Sache vornehmen will, ein unbedingtes Verbietungsrecht zusteht.

Andrerseits jedoch finden wir — wiederum in prinzipieller Uebereinstimmung mit dem römischen Recht —, dass die §§ 743 Abs. 2, 744 Abs. 2 und 745 Abs. 2 dem einzelnen Theilhaber das Recht zusprechen, den Widerspruch des resp. der Genossen zu brechen.

Es entsteht nun die Frage: welche Angriffs- resp. Vertheidigungsmittel stehen den streitenden Theilen zu Gebote? Sind beide Theile im Besitz — und diesen Fall nehmen wir vorweg —, so fragt sich insbesondere, unter welchen Umständen dem einen oder dem anderen das Selbstvertheidigungsrecht und die Besitzklagen zu Gebote stehen?

Für das römische Recht habe ich die Behauptung aufgestellt [1]), dass Eigenmacht und possessorische Interdikte dem im Mit-

---

1) Die Lehre vom Miteigenthum nach römischem Rechte. Halle a. S., 1896. S. 7.

besitze befindlichen Miteigenthümer — gegenüber seinen Genossen nur zum Schutze des jus prohibendi und bei Ausübung der
r e i n e n Besitzhandlungen[1]) zu gewähren seien; bezüglich aller
anderen Rechte, welche dem socius in Ansehung der gemeinsamen
Sache zustehen, sei er gegenüber seinen Genossen ausschliesslich auf die petitorischen Klagen zu verweisen.

Hierbei bin ich von folgenden Erwägungen ausgegangen,
die ich jedoch nicht so sehr zur Begründung meiner Behauptungen, als vielmehr zur Konstruktion des in Frage stehenden
Rechtsverhältnisses herangezogen habe: Unmittelbar aus dem
dem einzelnen Miteigenthümer zustehenden dinglichen Rechte,
dem Theileigenthume, fliessen nur das Verbietungsrecht und
das Recht auf die reinen Besitzhandlungen, alle anderen Rechte
fliessen aus der obligatio ex communione; ferner wird das
römische Recht von dem Grundsatze beherrscht, dass, wenn
zwei Personen in ihrem Rechte auf die Benutzung einer Sache
konkurriren, im Falle eines feindlichen Aufeinanderstossens nur
diejenige befugt ist Gewalt anzuwenden — und zwar unter
dem Schutze der possessorischen Interdikte —, die in Ausübung
eines dinglichen Rechtes sich im juristischen Besitz der Sache
befindet; ein Forderungsrecht dagegen äussert sich nie in
juristischem Besitz, wesshalb denn auch dem Forderungs-
berechtigten bei gewaltsamer Geltendmachung seiner Rechte die
possessorischen Interdikte nie zur Seite stehen, sein Verhalten
sich vielmehr, auch wenn er im faktischen Besitz ist, als verbotene Eigenmacht, als vis im Sinne des Interdikts darstellt.

Dieses Prinzip gilt im heutigen Rechte nicht mehr und
das B.G.B. hat es ausdrücklich beseitigt: Wer die thatsächliche
Gewalt über eine Sache erlangt hat, geniesst den Besitzschutz
auch dann, wenn ihm diese thatsächliche Gewalt von einem
Anderen zur Ausübung eines ihm gegen den letzteren zustehenden Forderungsrechts oder zur Erfüllung einer ihm gegen den
letzteren obliegenden Verpflichtung überlassen worden ist; nach
römischem Recht verblieb dem Ueberlassenden der juristische
Besitz mit Interdiktenschutz und Eigenmacht gegen den, der
„für ihn besass"; heute stehen diesem gegen jenen die

---

1) Ibidem S. 12 oben.

genannten Schutzmittel zu, und dem Ueberlassenden verbleibt
nur der „mittelbare Besitz", welcher, wenigstens soweit die
obligatorischen Ansprüche des Anderen reichen[1]), des Besitzschutzes gegen den „unmittelbaren Besitzer" gänzlich beraubt ist[2]).

Wäre diese Regel ausnahmslos und dürften wir sie ohne
Weiteres auf den Mitbesitz anwenden, so ergäbe sich, dass
sowohl demjenigen, welcher einen nach den §§ 744—746
„erlaubten" Verfügungsakt vornimmt, als auch demjenigen,
welcher dagegen Widerspruch erhebt, der Besitzschutz zuzuerkennen wäre. Darin aber läge ein unlösbarer Widerspruch;
wenn zwei etwas Entgegengesetztes thun wollen, so kann das
Gesetz nicht zu Beiden sagen: „setze deinen Willen mit Gewalt
durch, ich werde dich gegen den Anderen schützen".

Deshalb bestimmt denn auch der § 866:
Besitzen Mehrere eine Sache gemeinschaftlich, so findet in
ihrem Verhältniss zu einander ein Besitzschutz insoweit nicht
statt, als es sich um die Grenzen des dem Einzelnen zustehenden Gebrauchs handelt.

Auf den ersten Blick ist der Sinn dieser Vorschrift nicht
ganz klar, es wird sich jedoch im Weiteren ergeben, dass wir
aus ihr denselben Grundsatz zu entnehmen haben, der auch
im römischen Recht galt:
Besitzen Mehrere eine Sache gemeinschaftlich, so findet in
ihrem Verhältniss zu einander ein Besitzschutz nur su Gunsten
der reinen Besitzhandlungen und des Verbietungsrechts statt,
alle anderen Ansprüche sind petitorisch zur Geltung zu bringen.

Jedoch herrscht dieser Grundsatz im B. G. B. nicht so
uneingeschränkt wie im römischen Recht. Es wird sich vielmehr ergeben, dass, wenn der Gebrauch und die Benutzung
der gemeinschaftlichen Sache durch Vereinbarung geregelt sind,
der Besitzschutz demjenigen zuzuerkennen ist, der auf Grund
der Vereinbarung handelt[3]). Dasselbe gilt mit einer gewissen
Einschränkung auch bei Mehrheitsbeschlüssen[4]).

---

1) Ob auch im weiterem Umfange, das ist eine Frage, welche die
Wissenschaft noch zu lösen haben wird.
2) B. G. B. § 854, §§ 858—863, §§ 868 u. 869.
3) Cf. unten I § 5.
4) Cf. unten I § 5.

### § 2. Verwaltung und Benutzung der gemeinschaftlichen Sache durch einen der Miteigenthümer ohne Widerspruch seitens der anderen.

Die im vorigen Paragraph ausgesprochenen Grundsätze betreffen nur den Fall, dass gegen den von einem Theilhaber geplanten oder in Angriff genommenen Verfügungsakt von Seiten eines anderen Theilhabers Widerspruch laut wird. Die Behandlung dieses Falles setzen wir einstweilen aus und wenden uns einer Vorfrage zu: Ist der einzelne Theilhaber berechtigt, die gemeinsame Sache von sich aus nach billigem Ermessen, ordnungsmässig und innerhalb der Grenzen der bona fides zu verwalten, wenn seitens der übrigen Theilhaber ein Widerspruch weder vorlautbart ist noch zu erwarten steht?

Wir haben bereits gesehen, dass nach §§ 743—745 der einzelne Theilhaber den verlautbarten Widerspruch seines Genossen brechen kann.

In § 744 Abs. 2 ist sogar ausdrücklich gesagt, dass jeder Theilhaber berechtigt ist „die zur Erhaltung des Gegenstandes nothwendigen Massregeln ohne Zustimmung der anderen Theilhaber zu treffen". Was also „die nothwendigen Massregeln" anbetrifft, so entscheidet dieser Paragraph unsere Frage ausdrücklich bejahend. Freilich heisst es dort weiter: „er kann verlangen, dass diese ihre Einwilligung zu einer solchen Massregel im Voraus ertheilen"; aber das ist nur ein Recht, welches zu seiner grösseren Sicherung dient und ihm die Möglichkeit bietet einen etwaigen Widerspruch, der die Fortsetzung des Werkes hemmen könnte, im Voraus abzuschneiden; keinesfalls kann behauptet werden, dass der § 744 Abs. 2 ihm die Pflicht auferlegt, vor Inangriffnahme der „nothwendigen Massregel" die Zustimmung seiner Genossen einzuholen.

Auch für die Fälle des § 743 Abs. 2, wo es sich um einen Gebrauch handelt, durch den der Mitgebrauch der übrigen Theilhaber nicht beeinträchtigt wird, und des § 744 Abs. 2, wo es sich um eine dem Interesse aller Theilhaber entsprechende Verwaltung und Benutzung handelt, ist die obige Frage unbedingt zu bejahen. Zu allen diesen thatsächlichen Dispositionsakten ist jeder einzelne Theilhaber an sich berechtigt, unrechtmässig wird ein solcher Akt erst dann, wenn ein Verbot ihm entgegentritt[1]), erst dann nimmt er den Charakter einer Besitzstörung an; und darin insbesondere liegt die praktische Bedeutung der hier erörterten Frage.

Wenn wir nämlich den Satz aufstellen: Jeder einzelne Theilhaber darf, wenn Widerspruch weder vorliegt noch zu erwarten steht, in Ansehung der gemeinsamen Sache solche thatsächliche Verfügungsakte vornehmen, deren Gestattung er von seinem Genossen hätte verlangen können — so liesse sich der Einwand erheben, dass mindestens für die Fälle des § 744 Abs. 2 und § 745 Abs. 2 hierin kein besonderes Recht eines Theilhabers liege, da nach den Regeln der auftragslosen Geschäftsführung jeder Dritte befugt ist, mit einer fremden Sache in gleicher Weise zu verfahren.

Allein dieser letzte Satz ist doch nur richtig, wenn wir von der Besitzfrage absehen. Hat z. B. ein negotiorum gestor über einen fremden Privatfluss eine Brücke gebaut, in einem fremden Garten Bäume gepflanzt und dergleichen mehr, so liegt hierin eine Besitzstörung, und der Besitzer kann — ganz unabhängig von der Frage, ob er nicht petitorisch auf Ersatz der Aufwendungen belangt werden könnte — possessorisch die Beseitigung dieser seinen Besitz störenden Anlagen verlangen. Hat dagegen ein Mitbesitzer, ohne dass Widerspruch verlautbart war oder zu erwarten stand, dergleichen gethan, so liegt eine Besitzstörung nicht vor, und eine Beseitigung der Anlagen kann nur im Petitorium verlangt werden[2]).

Ausserdem ist auch die Frage, nach welchen Grundsätzen der verwaltende Theilhaber Ersatz seiner Aufwendungen verlangen darf, abweichend von den für die auftragslose Geschäftsführung geltenden Regeln zu beurtheilen. Schon die Eingangsworte des § 677: „Wer ein Geschäft für einen Anderen besorgt, ohne von ihm beauftragt oder ihm gegenüber sonst dazu berechtigt zu sein" passen hier garnicht, denn der Theilhaber ist, wie wir gesehen, berechtigt die Verwaltung in seine Hand zu nehmen. Ferner ist nach § 677 „das Geschäft so zu

---

1) Vgl. röm. M. E. S. 13 und 14.
2) Näheres unten I § 5.

führen, wie das Interesse des Geschäftsherrn . . . es erfordert";
für den selbständig eingreifenden Theilhaber ist aber nicht das
Sonderinteresse seines Genossen, sondern das Interesse der Gemeinschaft massgebend. Bezweckt die Geschäftsführung die
Abwendung einer drohenden Gefahr, so hat der Geschäftsführer
nach § 680 nur Vorsatz und grobe Fahrlässigkeit zu vertreten,
während der Gemeinschafter unter allen Umständen für jedes
Verschulden haftet. Auch die in § 681 dem Geschäftsführer
auferlegte Anzeigepflicht wäre für die Gemeinschaft doch erheb-
lich einzuschränken.

Aus alle dem ergiebt sich, dass der verwaltende Theilhaber
Ersatz seiner Aufwendungen nicht als negotiorum gestor, sondern
nach Spezialvorschriften zu fordern hat. Man wird daher auch
hier, gleich wie im römischen Recht, von einer obligatio ex
communione reden dürfen. In der That spricht denn auch
§ 756 ausdrücklich von Forderungen, die sich auf die Gemeinschaft gründen, und die Denkschrift[1]) verweist dazu auf „die
Lasten des gemeinschaftlichen Gegenstandes oder die Kosten
der Erhaltung, der Verwaltung und der gemeinschaftlichen
Benutzung"[2]). Demgemäss wird man sagen müssen: Hat ein
Theilhaber bei einer im gemeinsamen Interesse[3]) vor-
genommenen thatsächlichen Verfügung, deren Gestattung er von
den Genossen hätte beanspruchen können, zweckentsprechende
Aufwendungen gemacht, so gebührt ihm Ersatz.

Eine andere Frage ist natürlich die, inwieweit der einzelne
Theilhaber verpflichtet ist, sich der Erhaltung und Verwaltung
der gemeinsamen Sache zu widmen.

In dieser Beziehung sagen die Motive:[4]) „Zu bemerken
ist übrigens, dass den Theilhabern als solchen, ohne Dazwischen-
liegen eines Vertrages (Auftrag, Gesellschaft) gegen einander
eine Verpflichtung zur Aufwendung von Sorgfalt behufs Abwendung von Verlusten an den gemeinschaftlichen Gegenständen
nicht obliegt". Im Hinblick auf die durchgreifenden und insbesondere prinzipiellen Änderungen, welche das Gemeinschafts-

---

1) Guttontag 1896, S. 90.
2) Vgl. auch Kom. Prot. zu § 755.
3) Es scheidet somit der Fall des § 743 Abs. 2 aus.
4) Motive zu § 766 (Entw. I) = § 748 B. G. B.

recht des B. G. B. gegenüber den Grundsätzen des Entw. I erfahren hat, könnten wir freilich bei der Interpretation des Gesetzes diese Bemerkungen einfach bei Seite schieben. Aber die §§ 1472 und 2038, welche für die Verwaltung des Gesammtguts durch beide Ehegatten nach Beendigung der Gütergemeinschaft resp. für die Verwaltung des Nachlasses durch die Miterben im Allgemeinen auf die Grundsätze der Gemeinschaft verweisen, halten für nöthig hier besonders hervorzuheben, dass die Gemeinschafter einander gegenüber verpflichtet sind „zu Massregeln mitzuwirken, die zur ordnungsmässigen Verwaltung erforderlich sind", während eine gleiche Bestimmung sowohl im Gemeinschafts- als auch im Miteigenthumstitel fehlt und in § 748 nur bestimmt wird, dass der Theilhaber zu Geldzahlungen herangezogen werden kann.

Man wird daher mit den Motiven sagen müssen, dass der Theilhaber nur dann zur Erhaltung und Verwaltung der Sache verpflichtet ist, wenn er durch Vertrag eine solche Verpflichtung auf sich genommen hat. Denn bei der „schlichten" Gemeinschaft fehlt eben nach der Auffassung des B. G. B jenes enge persönliche Band, das die Ehegatten und die Miterben umschlingt.

Wenn wir aber im Auge behalten, dass das B. G. B doch nicht mehr auf dem Standpunkt des Entw. I steht, welcher jede persönliche Gebundenheit der Theilhaber ablehnte, und wenn wir erwägen, dass es doch im Interesse der Dauerhaftigkeit der Gemeinschaft wünschenswerth ist, dass die einzelnen Theilhaber die gemeinsamen Interessen möglichst zu den ihrigen machen, so werden wir bei der Annahme einer solchen Verpflichtung nicht gar zu schwierig sein dürfen. Hat z. B. der Miteigenthümer es geduldet, ohne Widerspruch zu erheben, dass seine Genossen sich von dem gemeinsamen Grundstück entfernen und ihn allein auf demselben zurücklassen, so werden wir annehmen dürfen, dass er stillschweigend die Verpflichtung übernommen habe sich der Sache anzunehmen, und wir werden sagen, dass er nunmehr alles das thun muss, was er kraft des Gemeinschaftsrechts im gemeinsamen Interesse thun darf.

Schliesslich wäre hier noch eine Frage zu erledigen, die ich bereits in meinem „Miteigenthum nach römischem Recht" [1])

---

1) S. 16.

géstreift habe: Von einem im Miteigenthum zweier Personen stehenden Landgut, werden gelegentlich Milch, Butter, Geflügel und andere Produkte einem im benachbarten Städtchen wohnhaften Händler verkauft. Während Abwesenheit oder Krankheit eines der Miteigenthümer erscheint der Händler, dem es bekannt ist, dass Beide das Gut gemeinschaftlich und in Eintracht bewirthschaften, der aber auch weiss, dass keiner vom anderen irgend welche ausdrückliche Vollmacht besitzt. Trotzdem schliesst er den Handel mit dem Einen ab und empfängt die Ware. Ist er nun Eigenthümer oder etwa nur Miteigenthümer der gekauften Ware geworden? Ja, da werden wir doch sagen müssen: Wenn ein Widerspruch weder verlautbart ist, noch zu erwarten steht, so ist jeder Miteigenthümer berechtigt, die gemeinsame Sache ordnungsmässig zu verwalten; insoweit hierzu rechtliche Verfügungen unerlässlich sind, indem nämlich die ordnungsmässige Verwaltung Veräusserung der Früchte erfordert, insoweit ist der Miteigenthümer als ermächtigt zu betrachten, seine Genossen Dritten gegenüber zu vertreten. Dieses werden wir ohne das geringste Bedenken dann anzunehmen haben, wenn neben der Berechtigung zur ordnungsmässigen Verwaltung, nach dem oben Gesagten, auch eine Verpflichtung dazu vorhanden ist, da solchenfalls eine stillschweigende Bevollmächtigung vorliegt.

Aber auch wenn diese Voraussetzungen nicht vorhanden sind, z. B. wenn der andere Miteigenthümer krank ist, werden wir, wofern nur die Ordnungsmässigkeit zweifellos und kein Widerspruch zu erwarten ist, nach Analogie des § 714 sagen dürfen: Soweit einem Theilhaber nach der obligatio ex communione (nach den Grundsätzen der Gemeinschaft) die Befugniss zur Geschäftsführung zusteht, ist er im Zweifel auch ermächtigt, die anderen Theilhaber Dritten gegenüber zu vertreten.

Ich glaube nicht, dass eine solche Annäherung der Gemeinschaft an die Gesellschaft dem Geiste des B. G. B und der modernen Rechtsentwickelung zuwiderläuft, fürchte dagegen, dass man zu recht absurden Entscheidungen gelangen wird, wenn man diese Erwägungen ganz von sich weist.

## § 3. Das Verbietungsrecht.

Oben bereits habe ich angedeutet, dass im Verhältniss der
Mitbesitzer zu einander ein Besitzschutz nur zu Gunsten des
Verbietungsrechts und der reinen Besitzhandlungen, d. h. solcher
Handlungen, die zur Aufrechterhaltung des äusseren Herrschafts-
verhältnisses unerlässlich nothwendig sind und sich in diesem
Zwecke erschöpfen, stattfindet.

Inwieweit wird nun diese Behauptung durch den Wortlaut
des Gesetzes bestätigt? Massgebend ist in dieser Beziehung
der § 866.

Dass derselbe sich durch Bestimmtheit und Klarheit aus-
zeichne, wird nicht behauptet werden: mit leichter, vorsichtiger
und vielleicht unsicherer Hand sind die Linien gezogen — fast
nur angedeutet, und dem forschenden Auge zeigt sich, dass
sie hier und da gänzlich verschwimmen.

Zur Noth liessen sich folgende drei Entscheidungen in den
§ 866 hineininterpretiren, ungezwungen ergiebt sich keine derselben aus dem Wortlaut:

1) Erhebt ein Mitbesitzer Widerspruch gegen einen von
einem anderen Mitbesitzer geplanten oder in Angriff genommenen
thatsächlichen Verfügungsakt, so kann der Streit nur petitorisch
erledigt werden, der Besitzschutz wird beiden versagt.

2) Begründet ein Mitbesitzer seinen Widerspruch damit,
dass der Verfügungsakt des anderen „die Grenzen des diesem
zustehenden Gebrauchs überschreite", so gebührt der Besitzschutz nicht dem Verbietenden, sondern dem anderen Mitbesitzer.

3) Erhebt ein Mitbesitzer Widerspruch, so geniesst er den
Besitzschutz auch dann, wenn der andere einwendet er handle
innerhalb der Grenzen des ihm zustehenden Gebrauchs.

Auch die Entstehungsgeschichte des § 866 und die Erläuterungen der Motive, der Protokolle und der Denkschrift ergeben
nichts Sicheres; immerhin ist es interessant, die Entwickelung
dieses Rechtssatzes in den Kommissionen zu verfolgen.

Im Entw. I hatte der entsprechende § 817 folgende Fassung:
Haben Mehrere eine Sache oder einen Theil einer Sache
gemeinschaftlich inne, so sind Handlungen eines Theilhabers,
welche über die im § 765 (= § 743 Abs. 2 B.G.B.) bezeichnete

Gebrauchsbefugniss hinausgeben oder einen anderen Theilhaber in dieser Gebrauchsbefugniss hindern, als verbotene
Eigenmacht anzusehen.

Hierzu bemerken die Motive[1]), der Gesetzgeber müsse ausdrücklich hervorheben, dass der Satz melior est conditio prohibentis gegenüber demjenigen Gebrauch, durch welchen „der
Mitgebrauah der übrigen Theilhaber nicht beeinträchtigt wird",
keine Geltung habe.

Aber lässt sich denn überhaupt ein Gebrauch, ein Benutzen
der gemeinschaftlichen Sache denken, bei welchem der Mitgebrauch objectiv betrachtet nicht ausgeschlossen wird, wobei
es von Hause aus klar ist, dass der erhobene Widerspruch
eine blosse Chicane ist? Wollte man aber die Frage, ob der
Mitgebrauch der anderen Theilhaber beeinträchtigt werde, der
Entscheidung des Einzelfalles anheimstellen, so würde dadurch
ein petitorisches Element in den Besitzstreit hineingetragen,
was ja doch auch nach der Auffassung des Entw. I (cf. § 822)
für unzulässig gilt.

Ich könnte daher höchstens an folgende „Gebrauchsarten"
denken: Spaziren im gemeinsamen Wald oder Park, Betrachten
des gemeinsamen Bildes, Lauschen auf den Gesang der gemeinsamen Nachtigall; schon das Lesen in dem gemeinsamen Buch,
das Trinken aus dem gemeinsamen Becher fällt nicht unter
diesen Begriff. Aber diese „Gebrauchsarten" äussern sich entweder überhaupt nicht in einer körperlichen Einwirkung auf
die Sache, so dass von einem Besitzstreit niemals die Rede
sein kann, oder aber sie sind reine Besitzhandlungen. Offenbar
liegt daher die Unklarheit des § 817 nicht so sehr im Ausdruck
als vielmehr in der Auffassung. Es ist die von mir bereits
bekämpfte[2]) Vermengung der Begriffe „Gebrauchen" und „Besitzen". Die erste Kommission erkannte ohne Zweifel die
Unmöglichkeit, das Verbietungsrecht gegenüber jeder thatsächlichen Verfügung zu schützen; anstatt aber zwischen Gebrauchshandlungen und reinen Besitzhandlungen zu unterscheiden,
suchte sie nach einem anderen Kriterium und gelangte so zu
jener unklaren und fast lächerlichen Fassung.

---

1) Bd. III, S. 115.
2) Miteigenthum nach römischem Recht, S. 10—13.

Die jetzige Fassung des § 866 finden wir schon im Entwurf II § 850.

Hierzu bemerken die Protokolle:[1] „Die Vorschrift spricht aus, dass in Ansehung der Vertheilung des Gebrauchs unter den mehreren Besitzern, also wenn ein Mitbesitzer lediglich in der Art und Weise bezw. dem Umfange der ihm zustehenden Gebrauchsbefugniss beeinträchtigt ist, die Vorschriften über den Schutz des Besitzes keine Anwendung finden".

.... „Dagegen greifen die Vorschriften über den Besitzschutz dann Platz, wenn z. B." (also wohl auch in anderen Fällen) „einem Mitbesitzer die Gebrauchsbefugniss gänzlich entzogen wird".

Wenn ich auch ganz davon absehe, dass die Gebrauchsbefugniss dem Mitbesitzer wohl nur vom Gesetzgeber entzogen werden kann, so muss ich doch gestehen, dass ich hier einen Gegensatz nicht finden kann, denn die Art und Weise und der Umfang individualisiren ja doch gerade die Gebrauchshandlung; wer gegen erstere auftritt, verbietet die letztere. Ein in anderer Art und Weise und in anderem Umfang ausgeübter Gebrauch ist eben ein anderer Gebrauch. Nehmen wir folgendes Beispiel: Ich will das gemeinsame Pferd satteln, um es zu reiten. Nun sagt mein Genosse: in dieser Art und Weise und in diesem Umfang darfst du das Pferd nicht gebrauchen. Aber wie dann? frage ich. Du kannst es vor den Wagen spannen und fahren. Aber nun kommt der dritte Genosse und sagt: nein nicht fahren, sondern reiten. Also beide verbieten mir den Gebrach nicht überhaupt, sondern nur die Art und Weise.

Ich sehe mich vergeblich nach einem Beispiel um, wo dieser Gegensatz, insbesondere wenn mehr als zwei Mitbesitzer vorhanden sind, praktisch zur Geltung käme. Ausserdem wird man ja auch gar nicht verlangen können — jedenfalls nicht mit den Mitteln des Besitzschutzes —, dass der Verbietende sich darüber äussere, mit welcher Art und Weise des Gebrauchs er einverstanden sei, vielmehr kann er ruhig die Vorschläge des Anderen an sich herankommen lassen, und jeden einzelnen ablehnen, wobei er immer noch sagen kann: es giebt noch

1) Citirt nach Haidlen B.G.B. Stuttgart 1897.

andere Arten und Weisen des Gebrauchs, ich verbiete dir nur
diese, nicht den Gebrauch überhaupt.

Also damit ist es nichts. Wer mir Art, Weise und Umfang verbieten darf, der kann mir auch den Gebrauch überhaupt
verbieten; woraus dann weiter folgen würde, dass — gemäss
den Erläuterungen der Protokolle — der Mitbesitzer, welchem
von seinem Genossen der Gebrauch der Sache verboten wird,
den Besitzschutz nicht geniesst. Aber ich glaube die Bedeutung
der Protokolle für die Auslegung des Gesetzes nicht so hoch
anschlagen zu dürfen, dass ich annehme, der Sinn des Gesetzes
könnte durch sie, und zwar nicht nur durch das, was sie ausdrücklich sagen, sondern auch durch das, was sich aus dem
Gesagten etwa folgern liesse, endgültig festgestellt werden.

Die Denkschrift umgeht diesen schwierigen Punkt vollständig und lenkt den Blick des Lesers auf eine ganz neue
Seite der Frage. Zunächst hebt sie als selbstverständlich hervor,
„dass ein Mitbesitzer den Besitzschutz auch gegen einen anderen
Mitbesitzer geniesst, sofern dieser ihm den Mitbesitz entzogen
hat“. Im Uebrigen beschränkt sie sich darauf zu konstatiren,
dass das Gesetz den Besitzschutz „zur Wahrung der von einem
Mitbesitzer thatsächlich geübten Gebrauchsrechte“ nicht gewährt.
In gleichem Sinne habe ich mich auch für das römische Recht
ausgesprochen[1]), und nachzuweisen gesucht, dass bei einem
Besitzstreit unter Mitbesitzern „das bestehende Verhältniss“
nicht den Ausschlag geben könne[2]). Dabei aber bleibt die
wichtigste Frage unentschieden, ob nämlich ein Mitbesitzer
gegen seinen Genossen Besitzschutz geniesst bei Ausübung
seines Rechts, die gemeinsame Sache zu erhalten und ordnungsmässig zu verwalten?

Es ergiebt sich also folgendes Bild: Man hat in den Kommissionen hin und her geschwankt, wie diese schwierige Frage
zu lösen sei, und zwar nicht nur in Betreff der äusseren Fassung
des Gesetzes, sondern auch in Betreff der für die Abgrenzung
des Besitzschutzes massgebenden Gesichtspunkte. Bald ist ein
Gesichtspunkt, bald ein anderer in den Vordergrund getreten,

---

1) S. 24—26.
2) Wohl aber kann es im Petitorium von Bedeutung sein, siehe § 4.

ohne dass einer derselben von bestimmendem Einfluss auf die endgültige Fassung des Gesetzes gewesen wäre. Dieses selbst sagt eigentlich nichts, es ist ganz indifferent.

Aber diese Indifferenz der Fassung, diese äussere Unklarheit ist, wie die Sachen nun einmal liegen, und da die Kommission, wie wir gesehen, in dieser Frage nicht zu innerer Klarheit durchgedrungen ist, vielleicht ein Vorzug. Wo das Auge nicht sicher und scharf sieht, da ist es immer besser im Ausdruck unklar zu sein, als etwas Falsches fest und bestimmt auszusprechen. Insofern es sich um eine heikle Frage handelt, wo ein wenig zu viel nach rechts oder nach links von schweren Folgen begleitet sein kann, da ist es zu beklagen, wenn der Gesetzgeber mit allzu derber Hand zugreift, und so einer erspriesslichen Rechtsentwickelung und der Verwirklichung einer besseren Einsicht unüberwindliche Hindernisse in den Weg legt.

Wir haben nun oben die drei möglichen Auslegungen des § 866 aufgeführt, wir wollen jetzt untersuchen, welche derselben de lege ferenda den Vorzug verdient und am besten in Einklang gebracht werden kann mit den allgemeinen Vorschriften und den leitenden Grundsätzen des B.G.B.?

Wir wenden uns zunächst der oben unter 1 genannten Eventualität zu: A. will eine baufällige Scheune repariren, die Fassade des Hauses streichen, den Acker umpflügen, die Wiese abmähen oder ähnliches, B. erhebt Widerspruch. Hier soll nun ein Besitzschutz überhaupt nicht stattfinden, weder zu Gunsten des Einen noch zu Gunsten des Anderen, und es kann nur „um das Recht" gestritten werden.

Was soll aber in der Zwischenzeit geschehen? Man wird vielleicht sagen, die Handlung hat vorläufig zu unterbleiben. Aber wenn nun A. trotzdem weiter pflügt, was geschieht dann? B. darf gegen ihn nicht die Besitzklage erheben und folgeweise ihn auch nicht gewaltsam hindern; er muss den A. also gewähren lassen, bis der Prozess entschieden, oder wenigstens eine einstweilige Verfügung erlassen ist, was doch mindestens einige Tage dauern wird. Dann ergäbe sich also der Satz: melior est conditio facientis.

Aber wenn nun dem B. die Geduld reisst und er den A. gewaltsam an der Fortsetzung des Werks hindert „ohne ihn

des Besitzes zu entsetzen", dann soll ja auch A. nicht den
Besitzschutz geniessen, und der Satz müsste nun lauten: melior
est conditio prohibentis. Aber wenn A. stärker ist als B. und
diesen niederwirft oder ihn durch Drohungen einschüchtert,
dann kann er wieder ruhig seiner Arbeit nachgeben, und wir
kämen schliesslich zu dem Satze: melior est conditio fortioris.
Dann hätten wir die Anarchie. Ein solcher Zustand stärkt
nicht das Rechtsgefühl. Ein Jeder soll doch einigermassen
wissen, was er thun und lassen darf. Auch wird man schwerlich behaupten können, dass diese perplexe Vorschrift den Vorzug besitzt besonders praktisch zu sein, es sei denn, dass
man es für zwekmässig hält, die Civilgerichte auf
Kosten der Criminalgerichte zu entlasten.

Wir wenden uns nun der zweiten Eventualität zu: Begründet ein Mitbesitzer seinen Widerspruch damit, dass der
Verfügungsakt des anderen „die Grenzen des diesem zustehenden
Gebrauchs" überschreite, so gebührt der Besitzschutz nicht
dem Verbietenden, sondern dem anderen Mitbesitzer.

Ich habe oben gesagt, dass sich dieser Satz zur Noth mit
dem Wortlaut des § 866 vereinigen liesse; gewiss aber ist
er mit dem Sinne des Gesetzes und der gesunden Vernunft
unvereinbar.

Mehr Beachtung verdient eine andere, vielfach vertretene
Auffassung, dass nämlich jeder Mitbesitzer seinem Genossen
gegenüber den Besitzschutz geniesst bei Vornahme nothwendiger
Reparaturen und ordnungsmässiger Verwaltungsakte. Erstens
jedoch liesse sich diese Auffassung schwerlich mit dem Wortlaut des § 866 vereinigen, und dann glaube ich die Gründe
gegen dieselbe bereits so eingehend dargelegt zu haben, dass
ich mich mit einer einfachen Verweisung auf meine früheren
Ausführungen [1] begnügen darf.

Es bleibt also nur die dritte Eventualität: Besitzen Mehrere
eine Sache gemeinschaftlich, so findet in ihrem Verhältniss zu
einander ein Besitzschutz nur zu Gunsten der reinen Besitzhandlungen und des Verbietungsrechts statt, alle anderen Ansprüche sind petitorisch zur Geltung zu bringen.

---

[1] Miteigenthum nach römischem Recht, S. 17—40.

Was nun zunächst den Schutz der reinen Besitzhandlungen anbetrifft, so wird derselbe in den Kommissionsprotokollen geradezu als selbstverständlich vorausgesetzt, denn wohl nur so wird der bereits oben zitirte Satz zu verstehen sein: „Dagegen greifen die Vorschriften über den Besitzschutz dann Platz, wenn einem Mitbesitzer die Gebrauchsbefugniss gänzlich entzogen wird".

Und in der That lässt sich ohne einen solchen Besitzschutz ein Mitbesitz nicht denken. Der Besitz, gleichgültig ob Allein- oder Mitbesitz, ist thatsächliche Beherrschung der Sache; der Alleinbesitzer kann Jeden, der Mitbesitzer Jeden ausser seinem Genossen von der Sache fernhalten; in Folge dessen muss der Mitbesitzer sich in einem solchen räumlichen Verhältnisse zur Sache befinden, dass es ihm möglich ist, dieselbe gegen dritte Personen zu vertheidigen; in gleicher Weise muss er in der Lage sein, solche Massnahmen zu treffen, welche ihm eine derartige Beherrschung und Vertheidigung der Sache ermöglichen und sichern. Er muss das gemeinsame Grundstück, jeden Raum, jedes Zimmer des gemeinsamen Hauses jederzeit betreten, das Haus und die Scheunen verschlossen halten können und dergleichen; alle diese reinen Besitzhandlungen haben zudem gegenüber den Gebrauchshandlungen und sonstigen thatsächlichen Verfügungsakten — wenigstens soweit es sich um Immobilien handelt[1] — das Eigenthümliche, dass sie die Theilnahme und Mitwirkung der anderen Genossen weder ausschliessen noch schmälern.

Bei Ausübung dieser Handlungen darf der Mitbesitzer daher, wenn er auf Widerstand seitens eines Genossen stösst, Gewalt anwenden und sich der Besitzklagen bedienen. Was ferner den Besitzschutz des Verbietungsrechts anbetrifft, so wird Niemand bezweifeln — und auch der § 866 sagt nichts Entgegenstehendes —, dass dieser wenigstens in gewissem Umfange zugelassen werden muss; oder will man dem verbietenden Mitbesitzer den Besitzschutz auch dann versagen, wenn der Genosse das gemeinsame Landgut böswillig verwüstet, das Haus niederreisst, die Fenster einschlägt oder ähnliche „thatsächliche Verfügungsakte" vornimmt?

---

[1] Ueber bewegliche Sachen siehe unten Kap. I § 7.

Es handelt sich also nur um die Grenzen, innerhalb deren
der Besitzschutz zu gewähren ist. Hier wird nun, wie bereits
bemerkt, vielfach der Grundsatz vertreten, dass das Verbietungsrecht den Besitzschutz nicht geniessen soll gegen ordnungsmässige Verwaltungs- und Benutzungsakte, oder doch wenigstens
gegen die zur Erhaltung des Gegenstands nothwendigen Massregeln. Die Vertreter dieses Grundsatzes lassen sich hierbei
freilich von dem Bestreben leiten, die Beziehungen der Mitbesitzer zu einander erträglicher zu gestalten, erreichen aber
damit gerade das Gegentheil. Was die gewaltsame Ausübung
der Rechte überhaupt betrifft, so weist Ihering[1]) mit vollem
Recht darauf hin, dass dieselbe nur dann zugelassen werden
kann, wenn es „sonnenklar“ ist, wer von den Streitenden im
Recht ist, wer im Unrecht; wenn dagegen diese Frage im gegebenen Falle Zweifeln unterliegt, so würde die Zulassung der
Gewalt zu einem wilden Kampfe und zu vollständiger Anarchie
führen. Dieses gilt auch für unseren Fall; denn wenn wir
jedem Mitbesitzer das Recht zusprächen, wider das Verbot
seines Genossen „nothwendige Erhaltungsmassregeln“ zu treffen
oder gar „ordnungsmässige Verwaltungsakte“ vorzunehmen,
und ihm hierbei den Besitzschutz gewährten, so würden wir
dadurch einen fortwährenden erbitterten Kampf heraufbeschwören,
in welchem jede Partei möglicherweise vollkommen überzeugt
wäre, dass sie sich in Ausübung ihres Rechts befände, weil
eben die Meinungen darüber, was nothwendig, und was zweckmässig ist, sehr verschieden sein können und auch thatsächlich sind.

Desshalb muss die Frage der Nothwendigkeit oder Ordnungsmässigkeit aus dem Besitzstreite ganz ausgeschieden, und dem
Verbietenden gegen jeden thatsächlichen Verfügungsakt, der
nicht lediglich als reine Besitzhandlung erscheint, der Besitzschutz unbedingt zugesprochen werden.

Dieser Satz lässt sich auch ganz wohl mit dem Wortlaut
des § 866 vereinigen; wir werden dann, indem wir uns der
Redeweise des Gesetzes anpassen, sagen müssen: Ein Besitzschutz findet zu Gunsten des Gebrauchs der gemein-

---

1) Geist des römischen Rechts I, S. 122.

samen Sache auch dann nicht statt, wenn letzterer sich
innerhalb der Grenzen des dem Einzelnen zustehenden
Gebrauchs bewegt.

Um jedes Missverständniss auszuschliessen, möchte ich
noch Eines ganz besonders nachdrücklich hervorheben, obgleich
es sich wohl eigentlich aus dem Vorhergehenden schon von
selbst ergiebt: Der § 858, welcher von der Besitzstörung im
Allgemeinen redet, bestimmt, dass derjenige widerrechtlich
handelt und verbotene Eigenmacht begeht, der den Besitzer
ohne dessen Willen im Besitze stört. Insoweit nun dieser
Satz auf das Verhältniss der Mitbesitzer zu einander angewendet
werden soll, müssen die Worte „ohne dessen Willen" überall
durch die Worte „wider dessen Willen" ersetzt werden.
Denn wenn in Bezug auf dritte Personen allgemein anerkannt
ist, dass die irrthümliche Annahme der Zustimmung des Besitzers die Besitzstörung und die Haftung nach § 862 nicht
ausschliesst, würde dieser Satz, soweit es sich um das Verhältniss der Mitbesitzer zu einander handelt, nicht nur dem
§ 744 Abs. 2 direkt widersprechen, sondern auch überhaupt
zu ganz unerträglichen Zuständen führen.[1]  Also mit einem
Wort: Im Verhältniss der Mitbesitzer zu einander kann von
einer Besitzstörung überhaupt nur dann die Rede sein, wenn
Widerspruch verlautbart war oder zu erwarten stand. Natürlich
gilt das nicht auch für die Entziehung des Besitzes.

## § 4.  Der Anspruch auf Gestattung.

Wir sind also zu dem Schlusse gelangt, dass dem Theilhaber zur Geltendmachung seiner Ansprüche auf Erhaltung,
Verwaltung und Benutzung der gemeinsamen Sache (nach § 743
Abs. 2, § 744 Abs. 2 und § 745 Abs. 2) gegen ein Verbot
seines Genossen weder die Eigenmacht noch der Besitzschutz
zustehen, vielmehr ist er hierbei ausschliesslich auf die petitorischen Klagen zu verweisen. Es fragt sich nun aber: welche
thatsächlichen Verfügungsakte kann der einzelne Theilhaber
gegen den Willen seiner Genossen klagend durchsetzen?

---

[1] Vgl. auch oben § 2 S. 6 und 7.

Ganz allgemein[1]) wird man sagen dürfen, dass jeder Miteigenthümer das Recht hat, die Gestattung solcher Handlungen zu beanspruchen, welche nothwendig sind zur Erhaltung der gemeinsamen Sache, oder welche nach der wirthschaftlichen Bestimmung der Sache als zweckmässig und dem Interesse aller entsprechend erscheinen. Aber hierbei wird er auf eine ihm günstige richterliche Entscheidung mit Sicherheit doch nur dann rechnen können, wenn sein Genosse Widerspruch erhoben hat, ohne einen auch nur einigermassen stichhaltigen Grund dafür anzuführen. Derartige einfache und durchsichtige Fälle werden aber natürlich in der Praxis nicht gar zu häufig vorkommen; in der Regel wird der Genosse sich nicht auf ein naktes oder sinnloses Widersprechen beschränken, sondern den Ausführungen des Klägers mehr oder weniger gewichtige Bedenken entgegensetzen; handelt es sich z. B. um eine Reparatur, so werden in der Regel beide Parteien in der Nothwendigkeit derselben mit einander übereinstimmen, über die Art der Ausführung aber verschiedener Meinung sein.

Wenn nun in einem solchen Falle einer von den Miteigenthümern Klage erhebt und von seinem Genossen beansprucht, er solle ihm gestatten, die Reparatur oder den sonstigen von ihm geplanten Verfügungsakt gerade in der Weise ausführen, wie er, Kläger, solches in Vorschlag gebracht, so wird die Aufgabe des Richters schon schwieriger. Vom rein theoretischen Standpunkte aus liesse sich auch hier dem Richter eine Instruktion geben: man könnte sagen, er solle den Streit zu Gunsten derjenigen Partei entscheiden, welche den in höherem Grade zweckmässigen und den Interessen der Gemeinschaft entsprechenden Dispositionsakt in Vorschlag gebracht hat. In der That wird der Richter bei Befolgung dieser Regel in vielen Fällen zu einer den Anforderungen des Lebens entsprechenden und die Interessen der Genossen durchaus befriedigenden Entscheidung gelangen, aber noch weit häufiger wird diese Regel sich als unzureichend erweisen: es lassen sich ohne Mühe unzählige Fälle konstruiren, in denen nicht nur der Richter, sondern auch selbst sachverständige Spezialisten sich ausser Stande

---

1) Siehe zum Folgenden mein Miteigenth. nach röm. R. S. 36—38.

erklären werden zu entscheiden, welche von zwei in Vorschlag
gebrachten Arten der Verwaltung in Rücksicht auf ihre Zweckmässigkeit und den von ihr etwa zu erwartenden Vortheil vor
der anderen den Vorzug verdient.

Da nach C.P.O. § 322 (293) der Richter nur „über den durch
die Klage oder Widerklage erhobenen Anspruch" entscheiden
darf, und da für das hier in Frage stehende Rechtsverhältniss
nichts Besonderes bestimmt ist, so können wir den Richter auch
nicht für befugt erklären, einen Mittelweg einzuschlagen und
eine Entscheidung zu treffen, die sich zwar mit keinem der
gestellten Anträge vollständig deckt, wohl aber einen billigen
Ausgleich zwischen denselben vermittelt. Umsomehr wird ein
vom Bewusstsein seines nobile officium durchdrungener Richter
die ihm vom Gesetz gewährten Rechte, auf eine gütliche Bei-
legung des Streits[1] oder auf Stellung sachdienlicher Anträge[2] hin-
zuwirken, hier als eine ihm auferlegte Pflicht empfinden müssen.

Uebrigens sei bemerkt, dass wenn der Antrag einer Partei
sich mit dem bisher geübten Gebrauche deckt, der Richter
— ceteris paribus — gemäss diesem Antrage erkennen soll.

Eine höchst bedenkliche Bestimmung enthält der § 745
Abs. 3 Satz 1: Eine wesentliche Veränderung des Gegenstandes
kann nicht beschlossen oder verlangt werden.

Man denke an folgende Fälle:

Die Miteigenthümer eines Landguts können von einem
widersprechenden Genossen nicht beanspruchen, dass er gestatte,
dass das zur Nahrung der Leute bestimmte Getreide gemahlen
werde; und wenn es ihnen dennoch gelungen dieses durchzusetzen, können sie nicht verlangen, dass aus dem Mehl Brod
gebacken werde.

Ein Waldgut besitzt eine Sägemühle. Die denkbar günstigste und bisher einzig geübte Verwerthung des Holzes besteht darin, dass die Stämme zu Brettern zersägt werden, dennoch kann dieses nicht verlangt werden.

Dem Mitbesitzer einer Bierbrauerei fällt es plötzlich ein
zu verbieten, dass die vorhandenen Vorräthe an Malz und Hopfen
„einer wesentlichen Veränderung" unterzogen werden.

---

[1] C. P. O. § 296.          [2] C. P. O. § 503.

Zu dem gemeinschaftlichen Gute gehört eine am Flussufer belegene Wiese; jährlich reisst die Strömung Stücke derselben fort, sodass nur noch ein schmaler Streifen nachgeblieben ist; auch dieser und der dahinter liegende gemeinsame Acker erscheinen bedroht. Das einzig Verständige in diesem Falle ist, den schmalen Wiesenstreifen in einen befestigten Damm zu verwandeln, der dem Wasser Widerstand leisten könnte. Aber das ist eine wesentliche Veränderung!

Die Hälfte des gemeinsamen Landguts bildet eine Sanddüne, die jährlich mehr und mehr von dem dahinterliegenden fruchtbaren Boden verschlingt. Den Sandboden binden und beforsten ist das einzige Mittel, um dem Unglück zu steuern.

Das ganze Grundstück ist ein ertragloser Sumpf; durch Trockenlegung könnte man fruchtbares Land gewinnen.

Das Alles nun darf nicht verlangt werden, denn es ist eine wesentliche Veränderung. Freilich könnte man hier, namentlich im Hinblick auf die beiden letzten Beispiele einwenden: In solchen Fällen handelt es sich oft um grössere Ausgaben, die die Aufnahme von Geldern erforderlich machen, ohne dass der Erfolg mit vollster Sicherheit vorausgesagt werden könnte. Da erscheint es denn unbillig den widerstrebenden Genossen — zumal wenn die Theilung ausgeschlossen — zu zwingen, dass er an diesem Risiko theilnehme.

Diese Erwägung ist durchaus respektabel, aber unter diesen Voraussetzungen ist ja die Bestimmung des § 745 Abs. 2 vollkommen ausreichend, nach welcher ein Verwaltungsakt überhaupt nur dann verlangt werden kann, wenn er „dem Interesse aller Theilhaber nach billigem Ermessen" entspricht. Bei nicht ganz sicherem Erfolg eine verhältnissmässig hohe Summe zu riskiren entspricht aber diesem Interesse offenbar nicht. Das wird ein verständiger Richter im Einzelfall schon zu eruiren wissen; und damit ist dem Zwecke genug gethan, ohne dass es nöthig ist, die Leute am Brodbacken und Bierbrauen zu hindern.

Es wäre zu wünschen, dass die Praxis diese Bestimmung einfach unbeachtet liesse. Aber woher stammt diese Bestimmung? Es ist üblich für alle Mängel des B. G. B. entweder die Kommissionen oder das römische Recht verantwortlich zu machen. Hier sind beide unschuldig. Die Kommissionen haben sich der herrschenden Meinung angeschlossen, diese freilich kann sich nicht auf die römischen Quellen berufen, denn es findet sich keine einzige Stelle im corpus juris, welche dieser missglückten Vorschrift als Stütze dienen könnte.

Wir gehen auf eine andere Frage über: Wir haben oben gesehen, dass wenn Widerspruch weder vorliegt noch zu erwarten steht, der einzelne Miteigenthümer unter gewissen Voraussetzungen ermächtigt ist, die gemeinsame Sache zu veräussern. Dementsprechend werden wir den Satz aufstellen dürfen, dass der Einzelne auch trotz Widerspruchs verlangen kann, dass der Verkauf erfolge. Zweifellos erscheint mir dieses in Betreff solcher Sachen, die dem Verderb ausgesetzt sind, dann aber auch in Betreff solcher Sachen, deren bestimmungsmässiger Gebrauch in der Veräusserung besteht, denn wenn dieser bestimmungsmässige Gebrauch „dem Interesse aller Theilhaber nach billigem Ermessen" entspricht, so kann derselbe schon nach dem strikten Wortlaut des § 745 Abs. 2 verlangt werden. Dieses ist von praktischer Wichtigkeit insbesondere dann, wenn die Aufhebung der Gemeinschaft ausgeschlossen ist.

Es fragt sich nun weiter, welche Ansprüche kann Kläger mit der Klage auf Gestattung geltend machen? Wie erwähnt, kann der Miteigenthümer der Regel nach von seinem Genossen nicht verlangen, dass er „zu Massregeln mitwirke, die zur ordnungsmässigen Verwaltung erforderlich sind". Vielmehr kann er nur verlangen, dass der Genosse ihn nicht an der Vornahme solcher Handlungen hindere. Demgemäss hat er in der Klage zu beantragen, dass der Beklagte (nach C. P. O. § 890) verurtheilt werde, die Ausführung des geplanten Verfügungsaktes zu dulden und eine Sicherheit für den durch fernere Zuwiderhandlung etwa entstehenden Schaden zu leisten. Hiermit wäre eine Klage auf Feststellung der Verpflichtung des Beklagten zu verbinden, seinen Beitrag zur Bestreitung der dem Kläger bei Ausführung des Verfügungsaktes entstehenden Kosten zu leisten.

Auch ein Anspruch auf Schadensersatz kann hinzutreten. Wir haben freilich gesehen, dass der Verbietende unter allen Umständen den Besitzschutz geniesst. Damit ist jedoch nicht die Frage entschieden, ob das Verbot zugleich materiell gerecht-

fertigt ist, d. h. ob nicht der Mitbesitzer durch Erhebung des
Verbots seinen ihm durch das Gemeinschaftsverhältniss auf-
erlegten Verbindlichkeiten zuwiderhandelt. Es versteht sich
von selbst, dass diese beiden Fragen getrennt zu behandeln
sind. In dieser Beziehung werden wir sagen müssen: Da jeder
Theilhaber von dem andern verlangen kann, dass dieser ihm
alle zur Erhaltung und ordnungsmässigen Verwaltung erforderlichen Handlungen gestatte, so verletzt der Verbietende seine
Verbindlichkeit, wenn er den Genossen an der Vornahme einer
derartigen Handlung hindert, und zwar haftet er in einem
solchen Falle nicht nur für Vorsatz und grobe Fahrlässigkeit
sondern für jedes Verschulden. Verlangt z. B. einer der Miteigenthümer, dass die dem Verderb ausgesetzte gemeinsame
Sache sofort veräussert werde, so hat der widersprechende
Genosse, falls die Sache wirklich zu Grunde geht, dem anderen
allen Schaden zu ersetzen. Allerdings kann nicht verschwiegen
werden, dass sich auch hier die Sache äusserst komplizirt, wenn
der Verbietende sich nicht auf einen nackten Widerspruch beschränkt, sondern dem Vorschlage seines Genossen einen
anderen, vielleicht nicht weniger ordnungsmässigen Vorschlag
entgegensetzt.

### § 5. Regelung des Gebrauchs und der Verwaltung durch Vereinbarung, Mehrheitsbeschluss, Richterspruch und Gesetz.

Aus dem Vorstehenden ergiebt sich, dass bei richtiger
Auslegung des Gesetzes die Beziehungen der Miteigenthümer
zu einander dergestalt geregelt erscheinen, dass ein gemeinsamer
Besitz und eine gemeinsame Benutzung und Verwaltung prin-
zipiell sehr wohl denkbar und unter normalen Verhältnissen
auch praktisch durchführbar sind, dass aber die Aufrechterhaltung eines solchen Zustandes auf unüberwindliche Hindernisse stösst, wenn die Genossen nicht fähig oder nicht Willens
sind ihre persönlichen Neigungen, Wünsche und Anschauungen
dem gemeinsamen Interesse unterzuordnen; oder wie will man
sich z. B. die Bewirthschaftung eines Landguts vorstellen, wenn
einer der Miteigenthümer auf Schritt und Tritt sich den von den
anderen in Vorschlag gebrachten Dispositionen unnachgiebig wider-

setzt und dadurch seine Genossen zwingt, behufs Durchführung jeder geringfügigen Massregel die Hilfe des Richters anzurufen?

In solchen Fällen tritt der Regel nach Aufhebung der Gemeinschaft ein.

Unter gewissen Umständen aber kann die Aufhebung der Gemeinschaft überhaupt oder doch zur Zeit undurchführbar sein, oder sie kann wenigstens mit grossen Nachtheilen für alle Genossen oder einige derselben verknüpft sein.

Deshalb gewährt das Gesetz den Theilhabern die Möglichkeit, das durch Verbietungsrecht und Gestattungsanspruch nur ungenügend gestützte Gleichgewicht durch andere Mittel aufrechtzuerhalten.

Dieses kann zunächst durch Vereinbarungen geschehen, die von den Miteigenthümern über die Verwaltung und Benutzung der gemeinschaftlichen Sache getroffen werden.

Im römischen Recht[1]) fand eine Verschiebung des Besitzschutzverhältnisses in einem solchen Falle nur dann statt, wenn die Regelung des Gebrauchs durch einen „dinglichen Vertrag" erfolgte, d. h. wenn ein dingliches Nutzungsrecht zu Gunsten eines Genossen begründet wurde, nicht aber dann, wenn die Vereinbarung den Charakter eines obligatorischen Vertrages trug. Wurde z. B. einem der Miteigenthümer der ausschliessliche Gebrauch der Sache auf eine bestimmte Zeit durch Pacht- oder Innominatkontrakt überlassen, so blieb derselbe nichtsdestoweniger auch in Bezug auf solche Gebrauchs- und Verwaltungsakte, welche ihm kontraktmässig zugestanden waren, dem jus prohibendi der Letzteren unterworfen. Um dieses Verbot zu brechen musste er die actio conducti erheben, der Besitzschutz blieb ihm versagt.

Heute ist das anders: Ist mir eine Sache zum Gebrauch übergeben, so geniesse ich — wenigstens soweit als der Gebrauch mir zugestanden — den Besitzschutz auch gegen den, der mir die Sache übergeben hat, gleichviel ob mein Gebrauchsrecht ein „Sachenrecht" oder nur ein „Forderungsrecht" ist.

Ist daher unter den Parteien vereinbart, dass nur Einer unter Ausschluss der Anderen den Gebrauch, zwar zu Gunster

---

1) Vgl. mein Miteigenthum nach römischen Recht S. 41 ff.

Aller, aber selbständig ausüben soll, oder ist ihm die gemeinschaftliche Sache verpachtet, oder ist ihm ein Niessbrauch auf
Zeit bestellt, und ist ihm die Sache auf Grund dieser Vereinbarung übergeben worden, so tritt eine Verschiebung des Besitzschutzverhältnisses ein: der Eine wird alleiniger unmittelbarer Besitzer, den Anderen verbleibt nur der mittelbare Besitz,
weshalb sie denn natürlich weder Besitzhandlungen vornehmen,
noch unter dem Schutze der Besitzklagen einen Widerspruch
gegen die Verfügungsakte des unmittelbaren Besitzers erheben
können.

Ein zweites Mittel bilden die Mehrheitsbeschlüsse. Hierüber
bestimmt § 745 Abs. 1:

Durch Stimmenmehrheit kann eine der Beschaffenheit
des gemeinschaftlichen Gegenstandes entsprechende ordnungsmässige Verwaltung und Benutzung beschlossen werden. Die
Stimmenmehrheit ist nach der Grösse der Antheile zu berechnen.

Voraussetzung der Gültigkeit eines solchen Beschlusses
ist natürlich — obgleich das Gesetz dieses nicht ausdrücklich
hervorhebt —, dass allen Theilhabern die Möglichkeit geboten
war, an der Abstimmung und der Berathung theilzunehmen;
dass die nach Kopfzahl zu berechnende Majorität wirklich theilgenommen, wird nicht verlangt werden können; ausschlaggebend
scheint mir allein zu sein, dass für den Beschluss die nach der
Grösse der Antheile zu berechnende Mehrheit gestimmt hat.
Ferner fordert das Gesetz, dass die beschlossene Verwaltungsart
eine der Beschaffenheit des gemeinschaftlichen Gegenstandes
entsprechende, ordnungsmässige sei. Daraus ergiebt sich, dass
jeder Verfügungsakt, dessen Gestattung verlangt werden kann,
auch durch Stimmenmehrheit beschlossen werden darf. Keineswegs aber darf dieser Satz umgekehrt werden, denn darin liegt
gerade der wesentliche Vortheil der Mehrheitsbeschlüsse, dass,
wenn auf Grund derselben geklagt wird, die Kläger nicht nachzuweisen brauchen, dass die von ihnen beschlossene Verwaltungsart die denkbar zweckmässigste sei, vielmehr genügt es,
dass dieselbe objektiv betrachtet ordnungsmässig ist, selbst wenn
die Gegenvorschläge der Beklagten sich durch gewisse offenbare
Vorzüge auszeichnen sollten.

Insoweit es sich also um das Petitorium handelt, steht der gültige Mehrheitsbeschluss einer Vereinbarung gleich.

Aber wie verhält es sich mit dem Besitzschutz? Kann die Mehrheit den Widerspruch der Minderheit unbeachtet lassen, und ihren Willen unter dem Schutz der Besitzklagen eigenmächtig durchsetzen, oder geniesst im Gegentheil die widersprechende Minderheit den Besitzschutz, und muss die Mehrheit sich damit zufrieden geben, dass ihr im Petitorium die Beweislast erleichtert wird?

Diese Frage ist sehr vorsichtig zu behandeln.

Wir haben gesehen, dass der Mehrheitsbeschluss die Kraft einer Vereinbarung hat, jedoch nur unter der Voraussetzung der Ordnungsmässigkeit; eine Vermuthung zu Gunsten der Ordnungsmässigkeit auf Grund der Erfahrung wird wohl aber nur derjenige befürworten, der selten an Abstimmungen theilgenommen hat. Da ferner ein Einzelner schon die Majorität bilden kann, so ist ein Verfolgen selbstsüchtiger Sonderinteressen nicht in das Reich der Unmöglichkeit zu verweisen.

Man wird also schwerlich geneigt sein, der Minderheit unter allen Umständen den Besitzschutz zu versagen.

Nun könnte man freilich sagen: ist die beschlossene Verwaltungsart eine ordnungsmässige, so geniesst den Besitzschutz die Mehrheit, wenn nicht — die Minderheit.

Aber solche Unterscheidungen sind für die Vertheilung der Rollen im Besitzstreit nicht zu brauchen; der Besitzschutz kann nur von äusserlich erkennbaren, greifbaren Thatsachen abhängig gemacht werden; die Unklarheit des Gesetzes hetzt die Parteien ins Handgemenge.

Wenn man aber andrerseits der widersprechenden Minderheit den Besitzschutz unbedingt gewährt, dann können die Mehrheitsbeschlüsse ihre Aufgabe, die Dauerhaftigkeit der Gemeinschaft zu befördern und den Eigensinn Einzelner möglichst unschädlich zu machen, nur höchst unvollkommen erfüllen.

Wir werden daher einen Mittelweg einschlagen müssen und sagen: Ein Widerspruch gegen den Beschluss liegt nicht schon dann vor, wenn ein Theilhaber gegen denselben gestimmt, und sich bei der Berathung energisch gegen denselben ausgesprochen hat. Denn das beweist noch nicht, dass er den

Beschluss für ungesetzlich hält. Man wird vielmehr verlangen müssen, dass er ausdrücklich erklärt, er halte die beschlossene Verwaltungsart für ordnungswidrig, d. h. **er muss klar und schlüssig erklären, dass er den Beschluss als gesetzwidrig anfechte; und zwar muss das unverzüglich geschehen.** Unterlässt er dieses, so erkennt er damit die Gültigkeit des Beschlusses an und muss denselben gegen sich gelten lassen wie einen Vertrag, den er selbst geschlossen.

Bei dieser Auffassung werden wir, glaube ich, den billigen Ansprüchen beider Theile gerecht, und wenn man geneigt ist, das Gesetz nach seinem erkennbaren Zwecke zu interpretiren, so wird man vielleicht auch finden, dass sie dem Gesetze entspricht. Denn was mit den Zwecken des Gesetzes übereinstimmt und seinem Wortlaut nicht widerspricht, das ist Gesetz.

**Dass eine Regelung des Gebrauchs durch Richterspruch auch nach dem B. G. B. möglich ist,** ergiebt sich schon aus dem im vorigen Paragraph Gesagten; denn natürlich ist die Klage auf Grund des § 745 Abs. 2 nicht auf einzelne thatsächliche Verfügungsakte beschränkt, vielmehr kann der Kläger auch beantragen, dass der ausschliessliche Gebrauch der gemeinschaftlichen Sache ihm für eine bestimmte Zeit gegen eine den Anderen zu leistende Geldzahlung überlassen werde, oder dass eine abwechselnde ausschliessliche Benutzung eintrete[1], oder dass die Sache unter Aufrechterhaltung der Gemeinschaft des Rechts blos „wirthschaftlich parzellirt" werde und dergl. mehr. Auf Grund eines solchen Urtheils kann derjenige, welchem der ausschliessliche Gebrauch der Sache oder eines Theils derselben zugesprochen ist, von den Gegnern die Ueberlassung des Besitzes verlangen und, wenn es sich um ein Grundstück handelt, die nach § 1010 erforderliche Eintragung erwirken.

Jedoch muss hervorgehoben werden, dass der Richter nach B. G. B. — abweichend vom römischen Rechte — nicht von sich aus die Art der Regelung bestimmen, sondern nur auf Grund eines bestimmten und vollständigen Antrags des Klägers erkennen darf.

---

1) Vgl. B. G. B. Handausgabe von Fischer und Hänle Anm. 4 zu § 745.

Eine **Regelung** des **Gebrauchs** durch **Gesetz** in dem Sinne dass einem Gemeinschafter gewisse Vorzugs- oder Sonderrechte beigelegt werden, finden wir in dem ehelichen Güterrecht des B. G. B. Davon jedoch später. Aber auch ein dem römischen „paries communis" analoges Rechtsgebilde bieten uns die §§ 921 und 922.

§ 921. Werden zwei Grundstücke durch einen Zwischenraum, Rain, Winkel, einen Graben, eine Mauer, Hecke, Planke oder eine andere Einrichtung, die zum Vortheil beider Grundstücke dient, von einander geschieden, so wird vermuthet, dass die Eigenthümer der Grundstücke zur Benutzung der Einrichtung gemeinschaftlich berechtigt seien, sofern nicht äussere Merkmale darauf hinweisen, dass die Einrichtung einem der Nachbarn allein gehört.

§ 922. Sind die Nachbarn zur Benutzung einer der im § 921 bezeichneten Einrichtungen gemeinschaftlich berechtigt, so kann jeder sie zu dem Zwecke, der sich aus ihrer Beschaffenheit ergiebt, insoweit benutzen, als nicht die Mitbenutzung des anderen beeinträchtigt wird. . . . Solange einer der Nachbarn an dem Fortbestande der Einrichtung ein Interesse hat, darf sie nicht ohne seine Zustimmung beseitigt oder geändert werden. Im Uebrigen bestimmt sich das Rechtsverhältniss zwischen den Nachbarn nach den Vorschriften über die Gemeinschaft.

Was nun die Vertheilung der Gebrauchsbefugnisse anbetrifft, so handelt es sich hier im Wesentlichen um die Gewalt über die den verschiedenen Grundstücken zugekehrten Seitenflächen: Jeder Nachbar hat an der seinem Grundstücke zugekehrten Fläche der Mauer den ausschliesslichen unmittelbaren Besitz, und ist daher unter dem Schutze der Besitzklagen befugt thatsächlich über dieselbe zu verfügen, soweit er nicht in die Herrschaftssphäre des anderen eindringt, oder wie das Gesetz sich ausdrückt: soweit nicht „die Mitbenutzung des anderen beeinträchtigt wird".

Uebrigens gelten die §§ 921 und 922 nicht nur dann, wenn der Zwischenraum im Miteigenthum der Nachbarn steht, sondern auch dann, wenn dieses nicht oder wenigstens nicht nachweisbar der Fall ist.

Die Begründung von Sondereigenthum an den Be-
standtheilen, insbesondere den einzelnen Stockwerken eines
Gebäudes ist nach dem B.G.B. nicht zulässig. Da jedoch, wie
die Motive zu E.G. Art. 131 (73) hervorheben, dieses Rechtsinstitut noch gegenwärtig für das partikulare Rechtsleben von
Bedeutung ist und praktische Bedürfnisse befriedigt, so hat
man der Landesgesetzgebung die Zulassung dieses Instituts frei-
gestellt, jedoch mit der Einschränkung, dass dasselbe als Miteigenthum an dem ganzen Gebäude mit gesetzlich geregelten
Gebrauch konstruirt werde.

Aber eine solche Konstruktion wird den Besonderheiten
dieses Instituts schwerlich gerecht und führt zu geschraubten,
gekünstelten und innerlich unwahren Grundsätzen, welche
wiederum ihrerseits gerichtliche Entscheidungen von gleicher
Qualität hervorrufen.

## § 6. Schutz des Verbietungsrechts.

Der Verbietende ist, um seinem Verbote Geltung zu ver-
schaffen, natürlich nicht nur auf seine eigene Kraft angewiesen,
wie das nach der oben dargelegten und bekämpften Auslegung
des § 866 thatsächlich der Fall wäre; vielmehr steht ihm, wie
wir gesehen, auch die Klage wegen Besitzstörung zu Gebote.

Mit dieser Klage kann er zufolge § 862 Einstellung der
in Angriff genommenen Arbeiten sowie Beseitigung der bereits
errichteten Anlagen beanspruchen. Letzteres jedoch nur, wenn
das Verbot vor oder doch bei Beginn der Arbeiten erlassen
ist, oder wenn der Beklagte das Verbot nach den Umständen
erwarten musste. Ist dagegen eine Anlage etwa in Abwesenheit eines Genossen ohne Wissen desselben, jedoch ohne dass
Widerspruch zu erwarten stand, errichtet worden, so liegt, wie
bereits mehrfach bemerkt, eine Besitzstörung überhaupt nicht
vor, und kann daher Beseitigung mit der Besitzklage nicht
beansprucht werden. Dasselbe gilt, wenn bei Rückkehr des
Genossen das Werk nur zum Theil fertiggestellt war; auch hier
kann im Possessorium die Beseitigung des Fertiggestellten nicht
erlangt werden, wohl aber kann der zurückkehrende Genosse
die Fortsetzung der Arbeit verbieten und dieses Verbot mit der
Besitzklage geltend machen.

Allein hierbei darf nicht übersehen werden, dass die Beseitigung von Anlagen nicht nur mit der Besitzklage, sondern auch petitorisch verlangt werden kann, und zwar unter denselben Voraussetzungen wie nach römischem Recht: si modo toti societati prodest opus tolli (l. 26 D. 8. 2); denn in diesem Falle ist eben die Beseitigung ein dem Interesse aller Theilhaber entsprechender Verwaltungsakt. Hat z. B. ein Miteigenthümer in Abwesenheit seines Genossen, um die gemeinsame Wassermühle mit grösserer Wasserkraft zu versorgen, den Wehrdamm erhöht und dadurch die oberhalb liegenden gemeinsamen Felder der Gefahr einer Ueberschwemmung ausgesetzt, so kann der Genosse ohne jeden Zweifel die Beseitigung der Anlagen nach § 745 Abs. 2 resp. § 744 Abs. 2 beanspruchen.

Ist dem Miteigenthümer, welcher die Anlage errichtet, kein Verschulden beizumessen, so hat die Beseitigung, wie jeder andere Verfügungsakt auf gemeinschaftliche Kosten zu erfolgen; trifft ihn dagegen ein Verschulden, so muss er die Kosten allein tragen.

In vielen Fällen wird die Sache jedoch nicht so einfach liegen, wie im erwähnten Beispiel: In Abwesenheit eines Miteigenthümers brennt auf dem gemeinschaftlichen Landgute eine Scheune nieder. Der anwesende Genosse baut eine neue, aus Holz und mit einem Schindeldach. Der zurückkehrende Miteigenthümer behauptet nun, dass dieser Neubau einer ordnungsmässigen Verwaltung nicht entspreche: in seiner Gegend baue in neuerer Zeit Jedermann derartige Scheunen nur noch aus Ziegel und mit einem Ziegeldach, das sei auch das einzig Ordnungsmässige, denn erstens sei es klar, dass dadurch die Feuersgefahr und mithin auch die Versicherungsprämie sich verringere, zweitens sei ein solcher Bau viel dauerhafter und schliesslich stellen sich die Kosten wegen der derzeitigen niedrigen Ziegelpreise fast geringer als bei einem Holzbau. Es gelingt dem Kläger, den Richter von der Unwiderleglichkeit seiner Behauptungen vollständig zu überzeugen, und er beantragt ihm zu gestatten, dass er den Holzbau niederreisse und einen Ziegelbau aufführe. Muss nun der Richter diesen Anspruch befriedigen? Nach dem vorliegenden Thatbestande werden wir dieses zu verneinen haben, denn Kläger hat nur bewiesen, dass es damals

als die Scheune niedergebrannt war, vortheilhafter gewesen
wäre, einen Ziegelbau zu errichten als einen Holzbau; sein
Anspruch aber ist nur dann begründet, wenn er nachweist,
dass es jetzt vortheilhafter wäre, die fertige Scheune nieder-
zureissen und eine neue zu bauen, als die fertige stehen zu
lassen. Ebenso wird man zu entscheiden haben, wenn der
abwesende Genosse zurückkehrt, während das Gebäude etwa
nur zur Hälfte fertiggestellt ist, jedoch wird er hier mit billigen
Aenderungsvorschlägen bezüglich der Fortsetzung des Baues zu
hören sein.

Kehren wir jedoch zur Besitzklage zurück.

Nach § 864 erlischt der sich auf die Besitzstörung grün-
dende Anspruch, „wenn nach der verbotenen Eigenmacht durch
rechtskräftiges Urtheil festgestellt ist, dass dem Thäter ein
Recht an der Sache zusteht, vermöge dessen er die Herstellung
eines seiner Handlungsweise entsprechenden Besitzstandes verlangen kann“.

Hat demnach ein Mitbesitzer gegen Verbot seines Genossen
auf dem gemeinsamen Grundstück einen Bau errichtet, und
verlangt Letzterer mit der Besitzklage Beseitigung desselben,
so wird er abgewiesen, wenn Beklagter inzwischen im petitorischen Prozess für berechtigt erklärt worden ist, die Gestattung des in Frage stehenden Baues von seinem Gegner zu
verlangen.

Hierin liegt eine Gefahr, aber auch ein Vortheil.

Eine Gefahr liegt insofern vor, als demjenigen, der sich
im Rechte fühlt und glaubt den Beweis sofort erbringen zu
können, dass seine Handlung vom Gegner geduldet werden
musste, geradezu nahegelegt wird zur Gewalt zu schreiten;
jedoch muss man hoffen, dass die Furcht vor dem Strafgesetz
ihn in den meisten Fällen von Excessen zurückhalten wird.

Andrerseits sprechen für diese Vorschrift Erwägungen der
Zweckmässigkeit: Steht fest, dass Beklagter die Errichtung des
Baues verlangen kann, so wäre ein Niederreissen desselben
unter der sicheren Voraussetzung sofortiger Wiederherstellung
einfach sinnlos, ja noch mehr: da nach heutigem Recht der
Beklagte zur Duldung verurtheilt und durch Geldstrafen und
Arrest zu derselben gezwungen werden kann, so würde es zu

einer unlösbaren Kollision führen, wollte man den Einen zwingen, das Abreissen — den Anderen aber das Wiederherstellen resp. das Weiterbauen zu dulden.

Dass aber in einem solchen Falle die verbotene Eigenmacht, wenn durch dieselbe dem Gegner nicht geradezu ein Vermögensschade zugefügt ist, ganz ohne Folgen bleibt, ist entschieden unbillig und widerspricht dem Rechtsgefühl, und es bleibt nur zu bedauern, dass das B.G.B. nicht für derartige Rechtsverletzungen, wie F. v. Liszt[1]) das befürwortet, eine arbiträre Geldbusse zugelassen hat.

Von selbst versteht sich, dass das Verbietungsrecht nur dann durch Eigenmacht und mit der Besitzklage zur Geltung gebracht werden kann, wenn der Verbietende sich im Mitbesitz befindet. Befindet sich dagegen einer der Miteigenthümer im unmittelbaren ausschliesslichen Besitze der gemeinsamen Sache, so wird dadurch allein das Recht der übrigen Miteigenthümer, an der Verwaltung und Benutzung der Sache theilzunehmen, freilich nicht aufgehoben, jedoch können sie ihre dahingehenden Ansprüche nur petitorisch zur Geltung bringen.

## § 7. Die gegenseitigen Rechtsbeziehungen der Miteigenthümer einer beweglichen Sache.

Wie ich in meinem „Miteigenthum nach römischem Recht"[2]) ausführlich dargelegt habe, ist ein unmittelbarer gemeinschaftlicher Besitz an beweglichen Sachen für die Dauer nur unter besonderen Umständen denkbar und zwar:

1) Wenn alle Betheiligten sich im gemeinsamen Besitze eines Immobils oder eines Raumes befinden, und die bewegliche Sache sich auf diesem Immobil oder in diesem Raume befindet; so können z. B. die Mitbesitzer eines Landguts das Inventar desselben gemeisam besitzen, zwei Miteinwohner — die Möbel der gemeinsamen Wohnung und dergleichen mehr.

2) Wenn alle Betheiligten beständig zusammen von einem Orte zum anderen ziehen; so können z. B. die Mitglieder einer

---

1) Die Deliktsobligationen, N. VIII der Guttentagschen Sammlung: Das Recht des B.G.B. in Einzeldarstellungen.

2) S. 59 ff.

wandernden Schauspielertruppe die Dekorationen und Kostüme gemeinsam besitzen.

In solchen Fällen finden alle oben entwickelten Grundsätze Anwendung.

Liegen dagegen diese Umstände nicht vor, so ist ein gemeinschaftlicher Besitz nur durch Stellvertretung denkbar.

Wir werden daher jedem der Miteigenthümer das Recht zuerkennen müssen, zu verlangen, dass die Sache für Alle bei einem Dritten hinterlegt werde. Ausserdem wird ein einzelner Miteigenthümer nach § 745 Abs. 2 wohl auch beanspruchen dürfen, dass ihm gestattet werde, die Sache gegen Sicherstellung in seinen ausschliesslichen Besitz zu nehmen.

# Kap. II.

## Die rechtliche Stellung der Miteigenthümer nach aussen.

### § 1. Schutz des Miteigenthums und des Mitbesitzes.

Nach § 1011 kann jeder Miteigenthümer die Ansprüche aus dem Eigenthume Dritten gegenüber „in Ansehung der ganzen Sache" geltend machen[1]), den Anspruch auf Herausgabe jedoch nur in Gemässheit des § 432, d. h. er kann verlangen, dass die Sache für alle Theilhaber hinterlegt oder, wenn sie sich zur Hinterlegung nicht eignet, an einen gerichtlich zu bestellenden Verwahrer abgeliefert werde.

Wenn nun ein einzelner Miteigenthümer die Klage auf Herausgabe in der angegebenen Weise erhebt, so hat er nicht nur zu beweisen, dass er selbst Miteigenthümer ist, sondern auch, dass Alle, für welche er die Hinterlegung beansprucht, gleichfalls Miteigenthümer sind, und dass ihnen allen zusammen das Eigenthum im Ganzen zusteht; nur unter dieser Voraussetzung kann er verlangen, dass der Beklagte gänzlich aus dem Besitze ausscheide.

Wendet Beklagter ein, dass bezüglich gewisser Antheile dritte Personen als Niessbraucher, Pfandgläubiger, Pächter oder auf Grund irgend eines anderen Verhältnisses gegenüber den Miteigenthümern oder einem derselben zum Besitze berechtigt sind, so muss Kläger seinen Antrag dahin abändern, dass er die Hinterlegung eventuell auch für jene Personen beantragt; denn es kann dem Beklagten nicht zugemuthet werden, die Sache nur für die Miteigenthümer zu hinterlegen, da er sich

---

1) Darüber siehe unten Kap. II § 5.

dadurch nicht von der Haftung gegenüber jenen Personen
befreit [1]).

Wendet dagegen Beklagter ein, er selbst sei, zwar nicht
gegenüber dem Kläger, wohl aber gegenüber einigen oder einem
seiner Genossen zum Besitze berechtigt, so kann Kläger nur
Einräumung des Mitbesitzes verlangen, was bezüglich beweglicher Sachen übrigens in der Regel dahin führen wird, dass
die Sache für den Kläger und den Beklagten gemeinsam hinterlegt werden muss.

Ist der Anspruch des Klägers auf Hinterlegung der Sache
begründet, so kann er auch beanspruchen, dass der Beklagte
den Ersatz für gezogene und versäumte Nutzungen und für
den von ihm verschuldeten Schaden im Ganzen hinterlege,
muss aber andrerseits dem Beklagten die Verwendungen auch
im Ganzen ersetzen.

Hat der Kläger zu wenig gefordert oder wird er mit seiner
Klage ganz oder zum Theil abgewiesen, so wirkt dieses Urtheil
natürlich nicht gegen die übrigen Miteigenthümer.

Es fragt sich nun: ist durch den § 1011 die vindicatio
partis des römischen Rechts, die nur auf Einräumung des Mitbesitzes geht [2]), als beseitigt zu betrachten?

Wir werden dieses entschieden zu verneinen haben. [3])

Ganz ohne Zweifel steht diese Klage einem Miteigenthümer
gegen den anderen zu.  In gleicher Weise muss die Klage zugelassen werden, wenn Kläger weiss, dass der Beklagte gegenüber dem anderen Miteigenthümer als Niessbraucher, Pächter
oder auf Grund eines anderen Verhältnisses zum Besitze berechtigt oder verpflichtet ist; in einem solchen Falle wäre der
Anspruch auf Hinterlegung, namentlich wenn es sich um ein
Grundstück handelt, durch nichts zu rechtfertigen, und die
Klage müsste „wie angebracht" abgewiesen werden.  Aber auch,
wenn derartige Einwendungen seitens des Beklagten nicht zu
erwarten stehen, ist jedem Miteigenthümer die Theileigenthums-

---

1) Vgl. hierzu § 986.

2) Siehe mein Miteigenthum nach römischem Recht S. 82.

3) So auch Dernburg, Das bürgerliche Recht des Deutschen Reichs
B. III, S. 338.

klage nachzugeben, da es ganz unbillig und durch nichts ge-
rechtfertigt wäre von ihm zu verlangen, dass er, um zu dem
Seinigen zu gelangen, den oft sehr schwer zu führenden Beweis
erbringe, dass die Sache denjenigen Personen gehöre, für welche
er die Hinterlegung verlangt, und dass ihnen zusammen das
Eigenthum im Ganzen zustehe.

Zwar ist der Anspruch auf Einräumung des Mitbesitzes
im B.G.B. nicht ausdrücklich erwähnt; aber einmal erfordert
nicht nur die Billigkeit, sondern auch die Rechtskonsequenz,
dass Jedem gestattet werde zu verlangen, dass ihm die seinem
Rechte entsprechende thatsächliche Gewalt über die Sache eingeräumt werde; dann aber wird dieser Anspruch durch den
§ 1011 keineswegs ausgeschlossen, vielmehr sagt das Gesetz
nur, „der Anspruch in Ansehung der ganzen Sache" (d. h. der
Anspruch auf gänzliches Ausscheiden des Beklagten aus dem
Besitze) könne, was die Herausgabe anbetrifft, von dem einzelnen
Miteigenthümer nicht nach den allgemeinen Regeln, sondern
nur in der durch § 432 gesetzten Beschränkung geltend gemacht werden.

Im Einzelnen gelten hier folgende Regeln:

Gleich wie nach römischem Recht, so muss auch nach
dem B.G.B. der Kläger den Bruchtheil angeben, zu welchem
er das Eigenthumsrecht für sich in Anspruch nimmt, da die
Grösse des Bruchtheils wegen der Mehrheitsbeschlüsse im B.G.B.
eine noch erhöhte Bedeutung besitzt.

Ersatz für gezogene Nutzungen und für zugefügten Schaden
kann er natürlich nur zu seinem Antheile verlangen.

Bemerkt sei übrigens, dass der Miteigenthümer, welcher
seine Klage auf Einräumung des Mitbesitzes beschränkt, dadurch keineswegs den Beklagten als zum Mitbesitze berechtigt
anerkennt; vielmehr kann Kläger, wenn er nach Erlangung
des Mitbesitzes zu der Ueberzeugung gelangt, dass Beklagter
auch den anderen Genossen gegenüber zum Mitbesitze nicht
berechtigt ist, nachträglich Klage in Gemässheit der §§ 1011
und 432 erheben.

Auch die Klage aus früherem Besitze ist in entsprechender Anwendung des § 1007 dem einzelnen Theilhaber zuzu-

erkennen[1]): Wer eine bewegliche Sache im Mitbesitze gehabt
hat, kann von dem Besitzer Hinterlegung derselben resp. Einräumung des Mitbesitzes verlangen, wenn der Besitzer bei dem
Erwerbe des Besitzes nicht in gutem Glauben war; war die
Sache ihm jedoch gestohlen worden, verloren gegangen oder
sonst abhanden gekommen, so kann er den Anspruch auch
gegen den gutgläubigen Besitzer geltend machen.

Was die eigentlichen Besitzklagen, d. h. die Gerichtshülfe
gegen verbotene Eigenmacht anlangt (§ 861 ff.), so haben wir
zu unterscheiden:

1) Die Klage auf Wiedereinräumung des durch verbotene
Eigenmacht entzogenen Besitzes (interdictum unde vi). Wird
ein Mitbesitzer von seinen Genossen oder einem derselben des
Besitzes entsetzt, so steht ihm natürlich ein Anspruch auf Einräumung des Mitbesitzes zu. Zweifelhafter ist die Frage, wenn
er von einem Dritten aus dem Mitbesitze verdrängt ist.[2]) Hier
werden wir folgende Fälle zu unterscheiden haben: a) Die
verbotene Eigenmacht wurde nur gegen den Entsetzten verübt,
während die übrigen, gleichfalls anwesenden Genossen desselben
den Dejizienten freiwillig als ihren Mitbesitzer anerkannten;
solchenfalls kann der Entsetzte nur Einräumung des Mitbesitzes
beanspruchen. b) Die verbotene Eigenmacht wurde gegen sämmtliche Mitbesitzer verübt und der Dejizient erlangte die ausschliessliche Gewalt über die Sache. Hier können natürlich
alle Genossen zusammen das gänzliche Ausscheiden des Dejizienten aus dem Besitze verlangen. Der einzelne Genosse
kann, das werden wir nach Analogie der Eigenthumsklage
und auf Grund derselben Erwägungen behaupten müssen, von
dem Dejizienten beanspruchen, dass dieser ihm den Mitbesitz
wieder einräume; er kann aber auch die Hinterlegung für Alle
verlangen; dagegen wird ihm ein Anspruch auf Einräumung
des Besitzes an ihn allein nicht zuzubilligen sein. c) Der Entsetzte befand sich zur Zeit allein auf dem Grundstück, oder die
bewegliche Sache war zur Zeit in seiner alleinigen Obhut. Hier
stehen natürlich allen Genossen zusammen, sowie auch dem

---

1) Gierke, Bedeutung des Fahrnissbesitzes S. 24 u. 25.
2) Wann solchenfalls Besitzverlust anzunehmen, darüber siehe mein
Miteigenthum nach römischem Recht S. 23 ff.

einzelnen Genossen, gegen welchen die verbotene Eigenmacht verübt war, dieselben Ansprüche wie unter b. zu. Aber Letzterer wird unter diesen Umständen auch verlangen können, dass der Besitz ihm allein eingeräumt werde, denn bei den Besitzklagen handelt es sich ja im Wesentlichen darum, dass das thatsächliche Verhältniss wiederhergestellt werde, wie es vor der Besitzentsetzung bestand, und die Zulassung der Einrede, Kläger hätte bei der Besitzentsetzung nicht allein, sondern mit anderen zusammen besessen, würde böswilliger Prozessverschleppung Thür und Thor öffnen.

2) Die dem interdictum uti possidetis nachgebildete Klage des § 862 steht jedem Mitbesitzer „in Ansehung der ganzen Sache" zu, d. h. er kann von sich aus, bloss unter Berufung auf seinen Mitbesitz, dieselben Ansprüche geltend machen wie der Alleinbesitzer resp. wie alle Mitbesitzer zusammen. Denn wollte man dem einzelnen Mitbesitzer den Anspruch auf Beseitigung der Störung und auf Unterlassung weiterer Störungen nur unter der Bedingung gewähren, dass er „die Leistung an Alle" fordert, so müsste man ihm zu diesem Zweck natürlich auch den Beweis auferlegen, dass „jene Alle" Mitbesitzer sind, und dass ihnen Allen zusammen der Besitz im Ganzen zusteht. Solchenfalls aber hätte der einzelne Mitbesitzer, der diesen Beweis nicht zu erbringen vermag, gar nichts zu beanspruchen, denn die beiden erwähnten Ansprüche können entweder nur voll oder gar nicht geltend gemacht werden.

## § 2. Veräusserung des Antheils.

Nach § 747 kann jeder Theilhaber über seinen Antheil verfügen, mithin also ihn auch veräussern.

Die Uebertragung von Antheilen an Grundstücken erfolgt nach denselben Regeln wie die Uebertragung des Eigenthums an Grundstücken.

Zur Uebertragung des Miteigenthums an beweglichen Sachen bedarf es der Einräumung des Mitbesitzes (§ 929). Ist der Veräusserer nicht im Alleinbesitz, so kann eine solche „Uebergabe" von ihm ohne Mitwirkung der anderen Mitbesitzer nicht vollzogen werden. Es wird daher im Falle eines Widerspruchs seitens der Letzteren gemäss § 930 mit dem constitum possessorium operirt werden müssen. Ist der Veräusserer nur mittelbarer Mitbesitzer, so kann die „Uebergabe" gemäss § 931 dadurch ersetzt werden, dass der Veräusserer dem Erwerber den Anspruch auf Einräumung des Mitbesitzes abtritt.

Ist dagegen die Sache im ausschliesslichen unmittelbaren Besitze des veräussernden Miteigenthümers, so kann er sein Miteigenthumsrecht auch in der Weise auf den Erwerber übertragen, dass er die Sache dem Letzteren übergiebt, d. h. dass er zu Gunsten desselben den Besitz gänzlich aufgiebt; dieser erwirbt dann ohne Zweifel das Miteigenthumsrecht, doch macht der Veräusserer sich durch dieses Vorgehen seinen Genossen haftbar, wenn er diesen gegenüber — und das wird, wie wir gesehen, in der Regel der Fall sein — zum Besitze verpflichtet ist. Macht daher der Erwerber den Genossen des Veräusserers Schwierigkeiten, so haftet Letzterer denselben als is qui dolo malo possidere desiit.[1]

In § 137 ist bestimmt, dass die Befugniss zur Verfügung über ein veräusserliches Recht nicht durch Rechtsgeschäft ausgeschlossen oder beschränkt werden kann; ein dahin gehender Vertrag erzeugt nur eine Verbindlichkeit gegenüber dem anderen Kontrahenten, hat aber keine Wirkung gegenüber Dritten. Auf das Miteigenthum angewandt würde dieser Satz lauten: Da das Antheilsrecht des Miteigenthümers ein veräusserliches Recht ist, so wird die Befugniss zur Veräusserung nicht dadurch ausgeschlossen, dass ein Miteigenthümer sich seinen Genossen gegenüber oder dass alle Miteigenthümer sich einander gegenüber verpflichten, von dieser Befugniss keinen Gebrauch zu machen; wenn daher ein Miteigenthümer unter Verletzung dieser von ihm übernommenen Verpflichtung sein Antheilsrecht an einen Dritten veräussert, so geht das Recht trotzdem auf diesen über.

Allein diese allgemeine Regel unterliegt einer wichtigen Ausnahme: § 719 bestimmt, dass ein Gesellschafter über seinen Antheil an dem Gesellschaftsvermögen und an den einzelnen dazu gehörenden Gegenständen nicht verfügen kann.

---

1) Ueber die fortdauernde Geltung der hierauf bezüglichen römischen Grundsätze, siehe Dernburg Bürg. Recht d. D. R. III S. 341.

Daher können die Miteigenthümer, welche sich des Verfügungsrechts über ihre Antheile gegenseitig zu begeben wünschen, diesen Zweck einfach in der Weise erreichen, dass sie einen Gesellschaftsvertrag schliessen und die gemeinsame Sache für Gesellschaftsvermögen erklären, wozu bei Grundstücken natürlich Eintragung ins Grundbuch erforderlich ist. Hierzu wäre etwa folgender Vertrag ausreichend: Wir schliessen einen Gesellschaftsvertrag, nach welchem unser gemeinsames Grundstück während der folgenden fünf Jahre in derselben Art bewirthschaftet werden soll, wie bisher (gemeinsamer Zweck), der Beitrag eines Jeden besteht in seinem Antheil am gemeinsamen Grundstück (vgl. § 705).

Ferner kann die Veräusserungsbefugniss des einzelnen Miteigenthümers eines Grundstücks beschränkt werden durch grundbuchmässige Einräumung eines Vorkaufsrechts an einen, mehrere oder alle Genossen (§§ 1009 und 1094 ff.).

Es würde sich nun weiter fragen, inwieweit die Regeln über den Erwerb von einem Nichtberechtigten dann Anwendung finden, wenn ein Miteigenthümer die gemeinsame bewegliche Sache „im Ganzen" an einen Dritten veräussert, der ihn für den Alleineigenthümer hält? Zweifellos muss auch hier gemäss § 932 angenommen werden, dass der gutgläubige Dritte das Alleineigenthum erwerbe; denn wenn dieser Erfolg nach § 932 schon dann eintritt, wenn die Sache dem Veräusserer überhaupt nicht gehört, so muss dieses umsomehr gelten, wenn die Sache ihm nicht allein gehört.

Besondere Aufmerksamkeit verdient hier der § 935, nach welchem der Erwerb dann nicht eintritt, „wenn die Sache dem Eigenthümer gestohlen worden, verloren gegangen oder sonst abhanden gekommen ist". Nehmen wir folgenden Fall: Der dem A, B und C gemeinschaftlich gehörige silberne Armleuchter befindet sich in dem Salon der von den Miteigenthümern gemeinschaftlich bewohnten Etage; A verkauft und übergiebt diesen Armleuchter in Abwesenheit der Anderen einem Trödler. Ist nun der Trödler, vorausgesetzt dass er gutgläubig erwarb, Alleineigenthümer des Leuchters geworden? Wir werden das verneinen müssen. Es mag dahin gestellt bleiben, ob die Handlungsweise des A vom strafrechtlichen Gesichtspunkte aus als

Diebstahl oder als Unterschlagung zu gelten habe; soviel jedoch steht fest, dass B und C in dem Augenblicke, als der Leuchter dem Trödler übergeben wurde, unmittelbare Mitbesitzer waren, sodass ihnen also der Besitz ohne ihren Willen entzogen ist, und dieses ist genügend, um die Anwendung des § 935 Satz 1 zu rechtfertigen.[1]) Demnach wird der § 935 Satz 1 nur dann ausser Anwendung treten, wenn der veräussernde Miteigenthümer zur Zeit der Uebergabe alleiniger unmittelbarer Besitzer war, und diesen Besitz mit dem Willen seiner Genossen erworben hatte.

Wusste dagegen der Erwerber, dass dem Veräusserer die Sache mit Anderen zusammen gehöre, glaubte aber irrthümlich, dass dem Veräusserer die Vertretungsmacht für die Anderen zustehe — indem er etwa annahm, es liege eine offene Handelsgesellschaft vor — so geht das Alleineigenthum nicht auf ihn über; eine Ausnahme zu Gunsten des Erwerbers findet in diesem Falle nur dann statt, wenn der veräussernde Miteigenthümer ein Kaufmann war und die Sache im Betriebe seines Handelsgewerbes veräusserte (H. G. B. § 366 Abs. 1); natürlich genügt es nicht, wenn der Erwerber nur irrthümlich annahm, der Veräusserer sei ein Kaufmann oder die Veräusserung erfolge im Betriebe seines Handelsgewerbes.

In allen diesen Fällen wird der Erwerber nur Miteigenthümer zu dem Antheile, welcher dem Veräusserer zusteht, und dieses auch dann, wenn er annimmt, der Antheil des Veräusserers sei grösser als er in Wirklichkeit ist, wobei zu bemerken ist, dass die Präsumtion des § 742, wonach im Zweifel den Theilhabern gleiche Antheile zustehen, nur im Verhältniss der Theilhaber zu einander gilt; jeder Grund, sie auch zu Gunsten Dritter gelten zu lassen, fehlt, wie sich aus dem Folgenden ergeben wird.

Haben die Miteigenthümer einer beweglichen Sache die Verwaltung und Benutzung derselben geregelt, oder haben sie das Recht, die Aufhebung der Gemeinschaft zu verlangen, für immer oder auf Zeit ausgeschlossen oder eine Kündigungsfrist bestimmt, so wirkt eine solche Vereinbarung gegen den Erwerber eines Antheils auch dann, wenn dieselbe ihm beim

---

1) Motive B. III S. 348.

Erwerbe unbekannt war. Ueberhaupt muss gesagt werden, dass
der Erwerber, wofern er nur wusste oder wissen musste, dass
die Sache dem Veräusserer mit Anderen zusammen gehörte,
auf jede ihm auch noch so nachtheilige Art der Gemeinschaft
gefasst sein muss; demnach erwirbt er gar kein Recht, wenn
er glaubte es läge Gemeinschaft nach Bruchtheilen vor, während
in der That Gesellschaft, Gütergemeinschaft oder Erbengemeinschaft vorlag; denn da das B. G. B. nicht wie der Entw. I die
Gemeinschaft nach Bruchtheilen als die einzig nomale, jedes
andere Gemeinschaftsverhältniss aber als anomales betrachtet,
so fällt jeder Grund fort zu Gunsten der ersteren eine Präsumtion gelten zu lassen.

Diese Bestimmungen erscheinen um so gerechtfertigter,
als hier die Erwägungen fortfallen, welche zur Anerkennung
des Satzes geführt haben, dass der gute Glaube des Erwerbers
das mangelnde Recht des Veräusserers ersetzt: hier liegt kein
Interesse des Verkehrs vor. Sehr richtig bemerken in
dieser Beziehung die Kommissionsprotokolle[1]), dass „zum Gegenstande des Verkehrs sich der Antheil eines Theilhabers an einem
gemeinschaftlichen Gegenstande seiner Natur nach nicht eigne";
„der Erwerber eines Antheils müsse sich nach der für die Gemeinschaft massgebenden Ordnung erkundigen; er sei nicht
berechtigt anzunehmen, dass für die Gemeinschaft nur die dis-
positiven Bestimmungen des Gesetzes gelten. In dieser Beziehung sei guter Glaube bei dem Erwerber stets ausgeschlossen."[2])

Und in der That wird es schwer sein, sich einen Handel
mit Antheilen an beweglichen Sachen zu denken, welcher einem
Verkehrsbedürfnisse entspräche, oder berufen wäre, eine Mission
im Wirthschaftsleben zu erfüllen, und demnach die besondere
Fürsorge des Gesetzgebers auf Kosten bestehender Rechtsver-
hältnisse verdiente.

Wir werden also sagen dürfen: Der Alleinbesitz begründet
auch zu Gunsten Dritter die Präsumtion, dass der Besitzende
Eigenthümer und befugt sei, die Sache frei von Rechten Dritter

---

1) Komm. Prot. Lieferung 6 und 7 S. 755 zu § 751 (767).

2) Der letzte Satz ist schief gedacht: der gute Glaube ist keineswegs
ausgeschlossen, es wird ihm nur nicht die Wirkung beigelegt, das mangelnde
Recht des Veräusserers ersetzen zu können.

zu veräussern; der Mitbesitz dagegen begründet zu Gunsten Dritter nur die Präsumtion, dass die Sache dem
Mitbesitzenden zusammen mit Anderen gehöre, nicht
aber auch eine Präsumtion dafür, dass der Mitbesitzer
befugt sei, seinen Antheil frei von Rechten seiner Genossen oder überhaupt zu veräussern.

Was für Vereinbarungen gilt, gilt auch für Mehrheitsbeschlüsse sowie für rechtskräftige Entscheidungen, welche ein
Miteigenthümer nach § 745 Abs. 2 gegen seinen Genossen erwirkt hat.

Für Immobilien bestimmt der § 1010:

Haben die Miteigenthümer eines Grundstücks die Verwaltung
und Benutzung geregelt oder das Recht, die Aufhebung der
Gemeinschaft zu verlangen, für immer oder auf Zeit ausgeschlossen oder eine Kündigungsfrist bestimmt, so wirkt die
getroffene Bestimmung gegen den Sondernachfolger eines Miteigenthümers nur, wenn sie als Belastung des Antheils im
Grundbuch eingetragen ist.

Soviel ist nun freilich zuzugeben, dass eine ganz gleiche
Behandlung der beweglichen Sachen und der Grundstücke nicht
empfehlenswerth ist; denn da namentlich die Verpfändung von
Antheilen an Grundstücken ein sehr häufig vorkommendes
Rechtsgeschäft bildet, so liegt gewiss ein Bedürfniss vor, diese
Antheile möglichst verkehrsfähig zu machen.

Aber der § 1010 geht hier entschieden zu weit. Schon der
allgemeinen Bestimmung des § 892 über den öffentlichen Glauben
des Grundbuchs ist mit Recht der Vorwurf gemacht, dass sie
unlauteren Geschäften Vorschub leiste, während unter den
dem Erwerber weniger günstigen Vorschriften der Preussischen
Grundbuchgesetze vom 5. Mai 1872 der redliche Grundstücks-
verkehr nicht gelitten habe.[1]

Dieser Vorwurf gründet sich darauf, dass nach § 892 der
Inhalt des Grundbuchs zwar nicht zu Gunsten desjenigen gilt,
dem die Unrichtigkeit des Grundbuchs beim Erwerbe bekannt
war, wohl aber zu Gunsten desjenigen, der die Unrichtigkeit
kennen musste.

---

1) Dernburg, Bürg. Recht d. Deutsch. Reichs B. III S. 137 u. 138.

§ 1010 geht aber noch weiter: Der Inhalt des Grundbuchs gilt auch zu Gunsten desjenigen, der die Unrichtigkeit des Grundbuchs kannte.

Ferner gilt die Vergünstigung des § 892 nur für denjenigen, der ein Recht an dem Grundstück oder ein Recht an einem solchen Rechte durch Rechtsgeschäft erwirbt, während § 1010 dieselbe jedem Sondernachfolger schlechthin gewährt.

Hierzu bemerken die Kommissionsprotokolle: Falls die Miteigenthümer „es unterliessen die Eintragung herbeizuführen, so würde stets (!?) der Zweifel begründet sein, ob sie wirklich einen gegen Dritte wirksamen Theilungsausschluss beabsichtigt haben". Gilt dieses auch dann, wenn die Vereinbarung zwar eingetragen war, aber später auf Grund einer gefälschten Urkunde wiederum gelöscht wurde? „Das ausnahmslose Erforderniss der Eintragung schliesst solche Zweifel aus. Durch dasselbe wird ferner die Unsicherheit vermieden, welche sich aus der Berücksichtigung der Kenntniss des Erwerbers ergeben würde." Wenn ich diesen letzten Satz überhaupt verstehen soll, so kann ich ihn nur in dem Sinne verstehen, dass der Erwerber, dem die Unrichtigkeit des Grundbuchs, also in unserem Beispiel die Verübung der Urkundenfälschung, bekannt war, vor Unsicherheit bewahrt werden soll; denn wer diese Kenntniss nicht besitzt, dem droht ohnehin keine Unsicherheit.

Die Praxis wird also in die Nothwendigkeit versetzt sein, diese Bestimmung bis an die äusserste Grenze einschränkend zu interpretiren.

Es erübrigt hier noch eine Frage: Ist der einzelne Miteigenthümer befugt, einen körperlichen Theil des gemeinsamen Grundstücks zu seinem Antheile zu veräussern, also etwa dergestalt, dass er seinen Antheil an der östlichen Hälfte des Grundstücks dem A übereignet, seinen Antheil an der westlichen Hälfte dagegen für sich behält oder dem B übereignet? Eine direkte Handhabe zu einem solchen Geschäft bietet die Grundbuchordnung nicht, denn es wäre dazu erforderlich, dass aus dem einen Grundbuchblatt zwei Blätter gebildet würden; hierzu aber bedarf es natürlich der Mitwirkung aller Theilhaber. Ebenso bietet das Gesetz dem einzelnen Miteigenthümer auch keine Handhabe, seinen Antheil an einem körperlichen Theile des Grundstücks mit einem Rechte zu belasten, da auch in diesem Falle, gemäss G. B. O. § 6, der Theil abzuschreiben und als selbständiges Grundstück einzutragen ist.

Man wird aber auch gut thun, allen Versuchen, eine solche Handhabe zu finden, energisch den Weg zu vertreten, da die Zulassung derartiger Verfügungen nicht nur den berechtigten Interessen der anderen Theilhaber höchst nachtheilig wäre, sondern auch den allgemeinen Grundsätzen des B. G. B. widersprechen würde.

Denn durch eine solche Zersplitterung der einen Gemeinschaft in mehrere, wird nicht nur die ordnungsmässige Bewirthschaftung des Grundstücks erschwert und beeinträchtigt, sondern es wird auch für den Fall der Aufhebung der Gemeinschaft den Theilhabern das Recht auf bestmögliche Verwerthung der Sache gekürzt, indem sie, anstatt das Grundstück im Ganzen verkaufen oder es in der für den Verkauf vortheilhaftesten Weise zertheilen zu können, nunmehr an die durch den Einen eigenmächtig vorgenommene Theilung gebunden sind. Ausserdem müssen sie nun anstatt eines Theilungsprozesses zwei oder gar mehrere getrennte Prozesse führen.

Namentlich aber fällt gegen die Zulassung solcher Verfügungen ins Gewicht, dass sie gar nicht nur Verfügungen über das Recht, sondern im Effekt körperliche Einwirkungen auf die Sache sind, und ebensowenig wie wir dem Miteigenthümer einer beweglichen Sache das Recht zusprechen können, dieselbe zu zerschneiden, zu zerhacken oder zu zerreissen, ebensowenig können wir den Miteigenthümer eines Grundstücks für berechtigt erklären, das gemeinsame Grundstück in mehrere Grundstücke zu zerlegen.

Wir dürfen aber diesen Gedanken auch noch weiter entwickeln und auf Grund derselben Erwägungen sagen, dass dem einzelnen Miteigenthümer auch nicht das Recht zustehe, seinen Antheil an dem Zubehör eines Landguts, einer Fabrik, einer Werkstatt und dergl., oder seinen Antheil an einem einzelnen Zubehörstück getrennt von dem Antheile an der Hauptsache zu veräussern[1]) oder zu belasten. Bilden ferner den Gegen-

---

1) Wohl aber kann er unter gewissen Umständen eine solche Veräusserung der Sache im Ganzen von seinen Genossen beanspruchen, siehe oben S. 23.

stand des gemeinschaftlichen Eigenthums mehrere zusammengehörige bewegliche Sachen, die nur zusammen ihren Zweck voll und ganz zu erfüllen vermögen, so wird dem einzelnen Miteigenthümer gleichfalls nicht zu gestatten sein, dass er seinen Antheil an einzelnen dieser Sachen veräussere oder belaste; so darf er z. B. von einer Speisezimmereinrichtung, von einem Tafelservice oder von einem Dutzend Stühle nicht seinen Antheil an dem Buffet resp. an einer Bratenschüssel oder einem einzelnen Stuhl veräussern oder belasten.

Hier kann auch das mangelnde Recht des Verfügenden nicht durch den guten Glauben des Erwerbers ersetzt werden; denn Antheile sind, wie wir gesehen, keine geeigneten Verkehrsobjekte und daher können auch nicht die Lebensinteressen des Verkehrs eine solche Beeinträchtigung der Interessen der Gemeinschafter rechtfertigen, und die Thatsache, dass Jemand Miteigenthümer einer Sache ist, berechtigt nicht zu der Annahme, dass er über seinen Antheil selbständig verfügen darf.

## § 3. Miteigenthum und Niessbrauch.

1) An einer im Miteigenthum befindlichen Sache kann ein Niessbrauch „im Ganzen" bestehen, dergestalt, dass er die Antheile aller Miteigenthümer belastet. Dieses ist z. B. der Fall, wenn die Miteigenthümer gemeinschaftlich einem Dritten den Niessbrauch einräumen, oder wenn der Eigenthümer seine mit dem Niessbrauch belastete Sache Mehreren gemeinschaftlich vermacht. In solch einem Falle kann jeder einzelne Miteigenthümer von dem Niessbraucher Sicherheitsleistung nach § 1051 verlangen, und zwar kann er diese Forderung entweder nur zu seinem Theile geltend machen, oder nach § 432 beanspruchen, dass die Kaution für Alle hinterlegt werde. Einen Anspruch auf Sicherheitsleistung. im Ganzen an ihn allein werden wir dem einzelnen Miteigenthümer dagegen nicht zuerkennen dürfen, obgleich ein solches Recht sich scheinbar aus dem Wortlaute des § 1011 ergiebt; der Anspruch auf Sicherheitsleistung wird ja aber dem Eigenthümer gerade mit Rücksicht auf die Pflicht des Niessbrauchers gewährt, die Sache nach beendigtem Niessbrauch dem Eigenthümer zurückzugeben (§ 1055), sie ist mit-

hin nur als ein Surrogat der Herausgabe zu betrachten. Hat ein einzelner Miteigenthümer auf Sicherheitsleistung geklagt — sei es zu seinem Theile, sei es auf Hinterlegung für Alle —, so kann er allein, ohne Mitwirkung der anderen Theilhaber, unter den in § 1052 genannten Voraussetzungen verlangen, dass eine Verwaltung angeordnet werde. Es versteht sich von selbst, dass er diesen Anspruch „in Ansehung der ganzen Sache" geltend machen kann, denn eine Verwaltung, die sich nur auf seinen Antheil erstreckte, würde ihm nicht genügenden Ersatz für die ihm verweigerte Sicherheitsleistung bieten.

Will der Niessbraucher sein Recht zur Feststellung bringen, so muss er die Klage gegen alle Miteigenthümer richten; erwirkt er ein Urtheil nur gegen einen, so kann er sich nur des Niessbrauchs an dessen Antheil berühmen. Will er in den Besitz der Sache gelangen, und befindet sie sich im gemeinschaftlichen Besitz Mehrerer, so muss er gegen alle Mitbesitzer klagen, da der einzelne ihm nur Mitbesitz gewähren kann. Genügt ihm jedoch vorläufig der Mitbesitz, so kann ihm nicht verwehrt werden, gegen einen zu klagen und seine Klage nur auf dessen Antheil zu richten. Wird ihm in Folge dessen der Mitbesitz eingeräumt, so entsteht zwischen ihm und den anderen Mitbesitzern ein Gemeinschaftsverhältniss, über welches unten eingehender gehandelt werden soll.

2) An einer im Miteigenthume befindlichen Sache besteht Niessbrauch zu einem Bruchtheil zu Gunsten einer oder mehrerer Personen; steht der Niessbrauch mehreren Personen zu, so können die Niessbrauchsantheile der einzelnen das Ganze erschöpfen oder nicht. Letzteres ist z. B. der Fall, wenn einer der Theilniessbraucher seines Rechts verlustig gegangen ist. Ferner können die Antheile der einzelnen Niessbraucher mit den Antheilen der einzelnen Miteigenthümer zusammenfallen oder nicht; Letzteres liegt z. B. vor, wenn der Alleineigenthümer seine Sache, an welcher dem A und B ein Niessbrauch zusteht, dem C und D gemeinschaftlich vermacht. Fallen die Antheile zusammen, so ist die Klage des Theilniessbrauchers auf Feststellung und Einräumung des Mitbesitzes nur gegen denjenigen Miteigenthümer zu richten, auf dessen Antheil sein Recht lastet, und das erwirkte Urtheil gilt gegen Alle. Fallen die Antheile

nicht zusammen, so muss der Theileigenthümer die Klage gegen alle Miteigenthümer richten.

Damit haben wir die Frage berührt, welche Grundsätze für die Geltendmachung des Theilniessbrauchs zur Anwendung gelangen?

Der § 1065 bestimmt für den Niessbrauch im Allgemeinen, dass — bei Beeinträchtigung dieses Rechts — auf die Ansprüche des Niessbrauchers die für die Ansprüche aus dem Eigenthum geltenden Vorschriften entsprechende Anwendung finden.

Daraus würde sich Folgendes ergeben:

Besteht der Niessbrauch überhaupt nur zu einem Bruchtheil, so dass das Eigenthum zu den übrigen Bruchtheilen unbelastet ist, so kann der Theilniessbraucher, wofern ihm eine zum Besitz der Sache berechtigte Person gegenübersteht, natürlich nur Einräumung des Mitbesitzes beanspruchen. Ist der Beklagte dagegen zum Besitze der Sache nicht berechtigt, so muss dem Theilniessbraucher gestattet werden nach Analogie der Vorschriften des § 1011 und § 432 auf Hinterlegung für alle zum Besitze Berechtigten zu klagen, denn nach § 1066 besteht in solchem Falle zwischen dem Theilniessbraucher und den Miteigenthümern, deren Antheil nicht belastet ist, ein Gemeinschaftsverhältniss, auf Grund dessen der Theilniessbraucher den Letzteren zum Besitze verpflichtet sein kann.

Besteht Theilniessbrauch zu Gunsten Mehrerer und bilden die Antheile der Einzelnen zusammen ein Ganzes, so kann der einzelne Theilniessbraucher nach seiner Wahl entweder Einräumung des Mitbesitzes beanspruchen oder die in § 432 genannten Ansprüche geltend machen.

3) In Rom konnte ein usus fructus Mehreren in solidum[1]) bestellt werden, dergestalt dass jeder Niessbraucher Dritten gegenüber das Recht im Ganzen geltend machen konnte; dieses Solidarrecht wurde nur dann zu einem Theilrecht, wenn eine Konkurrenz zwischen den mehreren Berechtigten eintrat; bei Wegfall eines Mitberechtigten fiel natürlich auch die Möglichkeit einer Konkurrenz von Seiten des Letzteren fort; dieses bezeichnen die Quellen als Akkreszenz. Auch unter der Herr-

---

1) Siehe mein Miteigenthum nach römischen Recht S. 68 ff.

schaft des B.G.B. kann ein solcher Niessbrauch zur Entstehung
gelangen; insbesondere dann, wenn für mehrere Personen Niess-
brauchsrechte an einem Grundstück durch getrennte Eintragung
aber mit gleichem Rang (vgl. G.B.O. § 46 Abs. 1 Satz 2) bestellt
werden. In solchem Falle kann jeder Niessbraucher von dem
Eigenthümer oder sonstigen Besitzer auf Grund nur seines
eigenen Rechts Einräumung des alleinigen unmittelbaren
Besitzes beanspruchen. Sache des Beklagten ist es, darzuthun,
dass auch ihm ein Niessbrauch mit gleichem Range zusteht,
oder dass er einer Person gegenüber, der ein solches Recht
zusteht, zum Besitze berechtigt oder verpflichtet ist. Mit anderen
Worten: Auch nach B.G.B. schrumpft das Recht des Niessbrauchers nur dann zu einem Theilniessbrauch zusammen „si
inveniet eum, qui sibi concurrat". Geht einer der mehreren
Berechtigten seines Rechts verlustig, so fällt natürlich auch
nach B.G.B. die Möglichkeit einer Konkurrenz von seiner
Seite fort.

4) Was die Verwaltung und Benutzung der mit Niessbrauch belasteten gemeinschaftlichen Sache betrifft, so gelten
hier folgende Regeln.

Steht der Niessbrauch den mehreren Berechtigten im Ganzen
zu, so finden die für die Gemeinschaft geltenden Vorschriften
direkte Anwendung, denn dieselben beschränken sich nicht auf
die Gemeinschaft des Eigenthums, sondern beziehen sich nach
§ 741 auf alle Fälle, in denen „ein Recht Mehreren gemeinschaftlich zusteht". Auch der § 866 kommt zur Anwendung,
wenn die Sache sich im Besitz aller Niessbraucher befindet.
Demnach geniesst jeder Mitbesitzer den Besitzschutz für reine
Besitzhandlungen und für sein Verbietungsrecht. Ferner kann
auch hier eine Regelung des Gebrauchs vereinbart, beschlossen
und verlangt werden, aber natürlich nur in den Grenzen, in
welchen nach § 1036 Abs. 2 und § 1037 dem Niessbraucher
die Verfügung über die Sache überhaupt zusteht; es kann daher
unter den Theilniessbrauchern ein Gebrauch weder vereinbart
noch beschlossen werden, welcher der bisherigen wirthschaftlichen Bestimmung der Sache zuwiderläuft, oder aber eine
Umgestaltung oder wesentliche Veränderung der Sache zur
Folge hat.

Ist die gemeinschaftliche Sache nur bis zu einem gewissen Bruchtheil mit Niessbrauch belastet, so könnte es nach dem Wortlaut des § 741 zweifelhaft erscheinen, ob auf das Verhältniss der einzelnen Theilniessbraucher und derjenigen Miteigenthümer, deren Antheile nicht mit dem Niessbrauch belastet sind, die Vorschriften über die Gemeinschaft Anwendung finden, denn der § 741 setzt voraus, dass ein Recht, d. h. dasselbe Recht, Mehreren gemeinschaftlich zustehe. Im Hinblick hierauf bestimmt § 1066:

Besteht ein Niessbrauch an dem Antheil eines Miteigenthümers, so übt der Niessbraucher die Rechte aus, die sich aus der Gemeinschaft der Miteigenthümer in Ansehung der Verwaltung der Sache und der Art ihrer Benutzung ergeben.

Also der Niessbraucher tritt in die Gemeinschaft der Miteigenthümer an Stelle des Miteigenthümers, an dessen Antheil sein Recht besteht. Allein diese Vorschrift ist nach einer Richtung hin einschränkend zu interpretiren. Wir haben gesehen, dass auch der Alleinniessbraucher nach § 1036 Abs. 2 und § 1037 dem Eigenthümer gegenüber zur Aufrechterhaltung der bisherigen wirthschaftlichen Bestimmung verpflichtet, und zu einer wesentlichen Veränderung der Sache nicht berechtigt ist. Nun aber ist nicht zweifelhaft, dass die Miteigenthümer wenigstens durch Vereinbarung sowohl der Sache eine andere wirthschaftliche Bestimmung zu geben, als auch sie einer wesentlichen Veränderung zu unterziehen vermögen Wollten wir nun den § 1066 beim Wort fassen, so müssten wir einer Vereinbarung zwischen den — sagen wir kurz — „unbelasteten" Miteigenthümern und den Niessbrauchern die gleiche Wirkung beilegen. Das aber können wir nicht thun, denn dadurch würden wir die Rechte der „belasteten" Miteigenthümer unbillig beeinträchtigen und dem Theilniessbraucher die Mitausübung eines Rechts zuerkennen, welches dem Alleinniessbraucher ausdrücklich vom Gesetze aberkannt ist. Es werden daher solche Vereinbarungen nur dann gültig sein, wenn ausser den Gemeinschaftern auch die Miteigenthümer, deren Antheile belastet sind, ihre Zustimmung ertheilt haben.

Dasselbe gilt für Mehrheitsbeschlüsse, durch welche ein Gebrauch festgesetzt werden soll, der die in § 1036 Abs. 2

und § 1037 bestimmten Grenzen überschreitet; auch hier müssen
alle Miteigenthümer hinzugezogen werden. Wie aber ist dann
die Mehrheit zu berechnen? Bekanntlich giebt nicht die Zahl
der Stimmen, sondern die Grösse der Antheile den Ausschlag;
desshalb wird hier auch nur „der Antheil" als zustimmend oder
ablehnend gerechnet; ersteres ist der Fall, wenn Miteigenthümer
und Niessbraucher „desselben Antheils" zustimmen, letzteres,
wenn auch nur einer von ihnen ablehnt; denn ebensowenig
wie der Eigenthümer den Niessbraucher, kann auch der Niessbraucher den Eigenthümer zu einer solchen Massregel zwingen.

Innerhalb der Grenzen der aus dem Niessbrauch fliessenden
Gebrauchsbefugniss kann der Theilniessbraucher auch eine „dem
Interesse aller Theilhaber nach billigen Ermessen entsprechende'
Verwaltung und Benutzung verlangen". Ueberschreitet eine
Massregel diese Grenzen, so kann der Theilniessbraucher die
Gestattung derselben nicht fordern, wohl aber steht dieser
Anspruch dem „unbelasteten" Miteigenthümer gegen ihn zu;
doch kann er die Befriedigung des Anspruches solange ver-
weigern, als er nicht der Zustimmung resp. der gerichtlichen
Verurtheilung des Miteigenthümers versichert ist, an dessen
Antheil sein Niessbrauch besteht, denn andernfalls macht er
sich dem Letzteren nach § 1053 haftbar.

Analog ist das Verhältniss zwischen dem Alleineigenthümer
und demjenigen, welchem ersterer einen Theilniessbrauch, d. h.
einen Niessbrauch an einem eigens dazu gebildeten Bruchtheile
eingeräumt hat, zu beurtheilen [1]. Hier kann zwar der Eigenthümer vom Niessbraucher, nicht aber dieser von jenem die Gestattung eines Gebrauchs verlangen, der die in § 1036 Abs. 2
und § 1037 festgesetzten Grenzen überschreitet.

## § 4. Miteigenthum und Erbbaurecht.

Hat der Alleineigenthümer sein Grundstück mit einem
Erbbaurecht belastet, und geht das Eigenthum an dem Grundstück auf Mehrere über, so hindert das natürlich das Fortbestehen des Erbbaurechts nicht. Ebenso können auch alle
Miteigenthümer zusammen ein Erbbaurecht an ihrem Grund-

---

1) Vgl. Motive Bd. III, S. 454 zu § 953 (1095).

stück bestellen, dagegen aber kann dieses Recht nicht
an einem Antheil bestellt werden, da ein solches „Theil-
erbbaurecht" nicht effektuirbar wäre: Ist bei der Bestellung
das Bauwerk noch nicht errichtet, so kann der „Theilberechtigte"
von den „unbelasteten" Miteigenthümern die Errichtung desselben nicht verlangen, denn wenn wir auch nach der Analogie
des § 1066 annehmen wollten, dass zwischen ihnen eine Gemeinschaft bestehe, so kann der Theilhaber nach § 745 doch
nur solche thatsächliche Dispositionsakte gegen seine Genossen
durchsetzen, welche den Interessen aller nach billigem Ermessen
entsprechen; aber wird die Errichtung eines Bauwerks immer
diesen Voraussetzungen entsprechen?

Steht das Bauwerk bereits, so kann der „Theilberechtigte"
dasselbe freilich gemeinsam mit den Anderen „haben" (§ 1012);
aber die erwähnten Schwierigkeiten erwachen wiederum, wenn
das Bauwerk niederbrennt oder sonst zu Grunde geht.

Dagegen kann das Erbbaurecht im Ganzen Mehreren gemeinschaftlich zustehen, wobei dann die Grundsätze der Gemeinschaft mit der Massnahme zur Anwendung gelangen, dass
bei Untergang des Bauwerks (§ 1016) keine andere Verwerthung
des Grundstücks als gerade Wiedererrichtung des Gebäudes
verlangt werden kann. Verzichtet einer der Theilhaber auf
sein Recht zu Gunsten des Eigenthümers, so entsteht nicht
ein freier Antheil, sondern der Eigenthümer rückt an Stelle
des Verzichtenden in die Gemeinschaft des Erbbaurechts ein;
verzichtet er schlechthin, so findet Akkreszenz statt.

## § 5. Miteigenthum und Grunddienstbarkeiten.

1) Die Bestellung der Grunddienstbarkeiten. Soll
für das gemeinschaftliche Grundstück eine Grunddienstbarkeit
bestellt werden, so bedarf es zur Eintragung derselben der
Einigung des Bestellers und sämmtlicher Miteigenthümer, da
nur alle zusammen den Eigenthümer darstellen[1]. Ist jedoch
diese Einigung erfolgt und in der nach § 873 Abs. 2 erforderlichen Form verlautbart, so kann jeder einzelne Miteigenthümer

---

1) Es sind hier dieselben Gründe massgebend wie im römischen Recht;
vergl. mein Miteigenthum nach römischem Recht S. 110—113.

die Eintragung beim Grundbuchamt beantragen, denn nach
G.B.O. § 13 ist jeder antragsberechtigt, „zu dessen Gunsten
die Eintragung erfolgen soll" [1]).

Die Bestellung einer Grunddienstbarkeit für einen Grundstücksantheil ist nach B.G.B. ebenso wie nach römischem Recht
unzulässig, da nach § 1019 erfordert wird, dass „die Belastung
für die Benutzung des Grundstücks des Berechtigten Vortheil
biete". Steht das Recht aber nur einem Miteigenthümer zu,
so ist den übrigen rechtlich kein Mittel geboten, dasselbe ihrem
Grundstück dienstbar zu machen, vielmehr würde die Ausübung
oder Nichtausübung des Rechts von der Willkür des einen
Miteigenthümers abhängen.

Aus demselben Grunde kann für einen Miteigenthümer
auch nicht eine Grunddienstbarkeit an dem gemeinschaftlichen
Grundstück zu Gunsten seines Antheils bestellt werden. Darin
liegt eine Ausnahme von der allgemeinen Regel des § 1009
Abs. 1, nach welchem die gemeinschaftliche Sache auch zu
Gunsten eines Miteigenthümers belastet werden kann. Diese
Ausnahme wird ausdrücklich statuirt durch den § 1018, welcher
bestimmt: Ein Grundstück kann zu Gunsten des jeweiligen
Eigenthümers eines anderen Grundstücks in der Weise be-
lastet werden u. s. w.

Wenn dagegen einem der Miteigenthümer ein anderes
Grundstück allein gehört, so kann, wie § 1009 Abs. 2 ausdrücklich bestimmt, zu Gunsten dieses anderen Grundstücks eine
Dienstbarkeit an dem gemeinschaftlichen Grundstück sehr wohl
bestellt werden, denn hier fallen die obigen Erwägungen fort.

Weiter fragt sich: Kann nicht ein einzelner Miteigenthümer
seinen Antheil mit einer Grunddienstbarkeit zu Gunsten des
Eigenthümers eines anderen Grundstücks belasten?

Das ist entschieden zu verneinen, und darin zeigt
sich am deutlichsten und darauf beruht in erster Reihe der
Gegensatz zwischen den theilbaren und den untheilbaren Rechten,
der Rechte, die nach den Worten der römischen Quellen „divi-

---

1) So auch Dernburg, Das bürgerliche Recht des Deutschen Reichs
Bd. III, S. 120: „Sind auf der einen oder der anderen Seite Mehrere be-
theiligt, so ist jeder von ihnen antragsberechtigt". G.B.O. Textausgabe von
Fischer, Anm. 9 zu § 13.

sionem recipiunt" resp. „non recipiunt" (l. 4 § 4 Dig. 8. 5):
Die verschiedenen theilbaren Rechte (Eigenthum, Niessbrauch und wohl auch Erbpacht) können sich als Theil-
rechte in einander fügen und zu einer Gemeinschaft
verschlingen, dagegen ist eine Gemeinschaft zwischen
einem theilbaren und einem untheilbaren Rechte ausgeschlossen[1]).

Wir wollen diesen Gedanken zunächst an der Grunddienstbarkeit entwickeln. Die Grunddienstbarkeit hat zum Inhalt,
dass der Berechtigte das belastete Grundstück in einzelnen
Beziehungen benutzen oder dem Eigenthümer resp. den Miteigenthümern des belasteten Grundstücks gewisse Arten der
Ausübung ihres Benutzungsrechts untersagen darf; sie bezieht
sich also allemal auf die Art der Benutzung des belasteten
Grundstücks. Wollte man nun die Grunddienstbarkeit an einem
Antheile zulassen, so müsste man, nach Analogie des Niessbrauchs an einem Antheile (§ 1066), eine Gemeinschaft zwischen
dem Servitutberechtigten und den „unbelasteten" Miteigenthümern
annehmen, in welcher ersterer die Rechte des „belasteten"
Miteigenthümers ausüben würde. Aber diese Rechte wären
zur Ausübung der Grunddienstbarkeit nicht ausreichend. Denn der einzelne Miteigenthümer kann eine bestimmte Benutzungsart gegen den Willen der anderen Miteigenthümer nur dann durchsetzen (resp. verbieten), wenn
dieselbe (resp. das Unterlassen derselben) dem Interesse aller
entspricht; das Wesen der Grunddienstbarkeit besteht aber
gerade darin, dass jede Handlung, durch welche sie ausgeübt
wird, zu Gunsten eines anderen Grundstücks, d. h. im ausschliesslichen Interesse des Eigenthümers dieses letzteren zu
geschehen hat. Nun ist es ja freilich nicht absolut ausgeschlossen,
dass hier und da einmal diese Interessen zusammenfallen[2]),
aber es lässt sich nicht eine einzige Grunddienstbarkeit denken,
bei der ein solches Zusammenfallen der Interessen sich regelmässig voraussetzen lässt.

---

1) Damit ist jedoch nicht gesagt, dass eine Gemeinschaft ausgeschlossen
ist, wenn dasselbe untheilbare Recht Mehreren zusteht. Vgl. z. B. II,
§ 4, § 6, insbesondere aber siehe Schluss.
2) Vgl. mein Miteigenthum nach römischem Recht S. 117.

Gewöhnlich bezeichnet man die Grunddienstbarkeiten gegenüber dem Eigenthum als beschränkte Rechte. Das ist gewiss
zutreffend. Und in einer Beziehung ist die Grunddienstbarkeit
auch selbst gegenüber dem Rechte des einzelnen Miteigenthümers
als beschränkt zu betrachten: Der Miteigenthümer ist zwar durch
das Interesse der Gemeinschaft gebunden, innerhalb dieser Grenzen
aber kann er jede nur irgend denkbare Art der Benutzung des
gemeinschaftlichen Grundstücks durchsetzen, der Servitutberechtigte dagegen kann die Sache nur in einer genau bestimmten
und gewöhnlich eng begrenzten Art und Weise benutzen.

Aber nicht die Beschränkung an sich ist es, die einer
Gemeinschaft zwischen dem Servitutberechtigten und den „unbelasteten" Miteigenthümern im Wege steht.

Denn auch der Theilniessbrauch ist nach § 1036 Abs. 2
und § 1037 dem Theileigenthume gegenüber beschränkt, und
er kann nach § 1030 Abs. 2 „durch Ausschluss einzelner
Nutzungen" noch mehr beschränkt werden; und dennoch ist
eine Gemeinschaft zwischen dem Theilniessbraucher und den
Theileigenthümern sehr wohl durchführbar. Ist z. B. dem Niessbraucher untersagt, Flachs zu bauen, Heu, Stroh oder Dünger
zu verkaufen, gewisse Pferde zur Feldarbeit zu verwenden und
dergleichen mehr, so behält er doch die Möglichkeit, sämmtliche
andere, ungezählte Arten der Benutzung, die eben den Inhalt
seines Rechts bilden, und, da sie mithin als eine ordnungsge-
mässige Art der Benutzung erscheinen, auch regelmässig dem
Interesse der anderen Gemeinschafter entsprechen werden, diesen
gegenüber durchzusetzen. Beanspruchen dagegen die übrigen
Theilhaber eine Benutzung, die dem Theilniessbraucher untersagt ist, und erhebt letzterer eingedenk seiner Pflicht hiergegen
Widerspruch, so können die ersteren ihren Willen, sofern er
nur mit dem gemeinschaftlichen Interesse im Einklange steht,
mit einer gegen den „belasteten" Miteigenthümer gerichteten
Klage durchsetzen — und dieses kann dem Theilniessbraucher
natürlich nur willkommen sein. Eine Gemeinschaft ist also
auch möglich, wenn das Recht eines Theilhabers gegenüber
den Rechten der anderen Theilhaber beschränkt ist.

Aber die Grunddienstbarkeit ist gegenüber dem
Theilniessbrauch und dem Theileigenthum nicht nur

beschränkt, vielmehr enthält sie nach einer Richtung
hin dieser gegenüber auch ein plus; sie ist nicht nur
wie diese — wenn ich so sagen darf — negativ begrenzt,
sondern sie ist auch positiv fixirt. Der Theileigenthümer
und der Theilniessbraucher können keine Benutzungsart unbedingt beanspruchen [1]); soll dagegen die Grunddienstbarkeit
ihren Zweck erfüllen, so muss sie dem Berechtigten die Befugniss gewähren, diejenigen Handlungen, welche den fest-
bestimmten Inhalt des Rechts bilden, unbedingt durchzusetzen.
Zwar hat der Servitutberechtigte nach § 1020 „bei der Ausübung" seines Rechts „das Interesse des Eigenthümers des
belasteten Grundstücks thunlichst zu schonen", d. h. soweit
es mit der Ausübung seines Rechts verträglich ist, dergestalt
also dass, wenn ihm zwei Wege offen stehen, er den für den
Anderen weniger beschwerlichen wählen soll, aber es kann
nicht die Ausübung oder Nichtausübung von dem
Interesse des Anderen abhängig gemacht werden.

Nehmen wir z. B. an, der Miteigenthümer eines einstöckigen
Hauses habe seinen Antheil zu Gunsten des Eigenthümers eines
Nachbarhauses in der Weise belastet, dass dieser das Höherbauen des belasteten Hauses verbieten darf. Das belastete Haus
befindet sich im Centrum der Stadt an einer der belebtesten
Strassen; Niemand stellt in Abrede, dass durch Errichtung
noch einiger Stockwerke der Werth des Hauses sich um den
dreifachen Betrag der dazu erforderlichen Kosten heben würde.

Wollte man nun dem Nachbar trotzdem die Befugniss
zuerkennen, das Höherbauen zu untersagen, so würde das
erstens gegen die angezogene Analogie des § 1066 verstossen,
dann aber würden wir damit zu dem Satze gelangen, dass ein
Miteigenthümer eines Grundstücks einem Dritten an diesem
Grundstücke umfangreichere Rechte einräumen könne als
ihm (dem Miteigenthümer) selbst grundbuchmässig zustehen.
Wollte man dagegen die Analogie des § 1066 durchführen und
dem Nachbar gemäss der für die Gemeinschaft geltenden
Grundsätze die Ausübung seines Rechts nur insoweit gestatten,

---

1) Wegen des platonischen § 743 Abs. 2 wird man mir wohl keine
Schwierigkeiten machen.

als dieses dem Interesse aller Theilhaber nach billigem Ermessen
entspräche, so würde in dieser Anerkennung der Gemeinschaft eine vollständige Aberkennung der Servitut liegen.
Und das beweist eben die Richtigkeit des oben ausgesprochenen
Satzes: Die aus dem Eigenthum und die aus der Grunddienstbarkeit fliessenden Rechte fügen sich nicht derart in einander,
dass sie sich zu einer Gemeinschaft verschlingen liessen.

Die Grunddienstbarkeit kann nur selbständig und unabhängig oder gar nicht ausgeübt werden, sie muss zu ihrer Ausübung die Sache im Ganzen erfassen dürfen, und deshalb kann
sie nur durch das Alleineigenthum ins Leben gerufen werden,
an einem Antheile kann sie weder entstehen noch weiterbestehen.

Dasselbe gilt, wie wir später sehen werden, für alle untheilbaren Rechte. Ich möchte jedoch, um jedes Missverständniss
auszuschliessen, das hier Gesagte noch genauer präzisiren: Ist
zwischen einem einzelnen Miteigenthümer eines Grundstücks
und dem Eigenthümer eines anderen Grundstücks eine Einigung
zu Stande gekommen über Bestellung einer Grunddienstbarkeit
an dem im Miteigenthum stehenden Grundstück, so kann auf
Grund dieser Einigung die Eintragung der Dienstbarkeit nicht
erfolgen. Aber die Einigung ist nicht schlechthin als wirkungslos zu betrachten, vielmehr ist der Miteigenthümer, wenn die
Einigung in der in § 873 Abs. 2 bestimmten Form verlautbart
worden, an dieselbe gebunden, und der Eintragung der Grunddienstbarkeit steht nichts im Wege, wenn auch die übrigen
Miteigenthümer des zu belasteten Grundstücks ihre Zustimmung
ertheilt haben. Dieser Satz muss festgehalten werden, denn
sonst wäre es nicht möglich eine Grunddienstbarkeit auf Grund
sukzessiver Einigung mit den einzelnen Miteigenthümern des
zu belastenden Grundstücks zu erwerben.

2) Die Rechtsstellung der Miteigenthümer des
herrschenden Grundstücks nach aussen.

Dritten gegenüber und insbesondere gegenüber dem Besitzer des belasteten Grundstücks ist jeder einzelne Miteigenthümer des herrschenden Grundstücks zur Ausübung im Ganzen
befugt. Von selbst versteht sich dieses bezüglich der servitutes
prohibendi; hier gilt das Verbot eines Einzelnen gleich dem
Verbote Aller; auch wenn alle Uebrigen eine Handlung gestatten

und nur einer dieselbe verbietet, so gilt das als Verbot. In gleicher Weise einleuchtend ist dieser Satz bezüglich einiger servitutes faciendi, z. B. der Wegegerechtigkeit: jeder einzelne Miteigenthümer kann den Weg benutzen wie ein Alleineigenthümer. Aber dasselbe muss auch gelten bezüglich solcher Grunddienstbarkeiten, welche das Recht gewähren, Material aus dem belasteten Grundstück zu entnehmen; erscheint z. B. auch nur einer der Miteigenthümer auf dem belasteten Grundstücke, so kann er doch die ganze Quantität des betreffenden Materials entnehmen, zu deren Entnahme die Grunddienstbarkeit berechtigt; dieser Satz ergiebt sich mit Nothwendigkeit aus der Vorschrift des § 1019, nach welcher die Grunddienstbarkeit einen Vortheil für die Benutzung des herrschenden Grundstücks bieten soll. Dieser Zweck könnte aber nicht voll erreicht werden, wenn die Grunddienstbarkeit bei Abwesenheit eines oder einiger Miteigenthümer des herrschenden Grundstücks nicht im Ganzen ausgeübt werden könnte.

Auch die aus § 1027 sich ergebenden Ansprüche wegen Beeinträchtigung des Rechts kann jeder Miteigenthümer gemäss § 1011 „in Ansehung der ganzen Sache", d. h. wie ein Alleineigenthümer, geltend machen; er kann also ohne Mitwirkung seiner Genossen und nur unter Berufung auf sein eigenes Miteigenthumsrecht auf Beseitigung der Beeinträchtigung und auf Unterlassung klagen; dasselbe gilt bezüglich des Anspruchs auf Unterhaltung von Anlagen, soweit dieselbe nach § 1021 und § 1022 dem Eigenthümer des belasteten Grundstücks obliegt.

Ist dagegen nach § 1024 auf „Regelung der Ausübung" geklagt worden, so kann eine Aenderung des Grundbuchs nur auf Grund eines von allen Miteigenthümern erstrittenen Urtheils bewirkt werden, denn die Regelung der Ausübung ist nicht eine Ausübung oder Geltendmachung des Rechts, sondern eine Verfügung über dasselbe. Eine solche Verfügung aber, die nur von einem Miteigenthümer ausgeht, hat keine dingliche Wirkung. Wenn daher ein Miteigenthümer für seinen Antheil zu Gunsten des Eigenthümers des belasteten Grundstücks auf die Servitut verzichtet, so ist dieser Theilverzicht nicht eintragsfähig, da die Grunddienstbarkeit, wie wir gesehen, an einem

Antheil weder entstehen noch weiterbestehen kann. Nichts
desto weniger aber ist der Miteigenthümer gemäss § 873 Abs. 2
an diesen Verzicht gebunden.[1])

Nach B. G. B kann der Servitutbereohtigte auf Beseitigung
der Störung und auf Unterlassung auch im Falle nicht schuld-
hafter Beeinträchtigung seines Rechts klagen; ein Anspruch auf
Schadensersatz steht ihm dagegen nur zu, wenn die Beeinträchtigung vorsätzlich oder fahrlässig gesohah (§ 823). Wenn
nun ein Miteigenthümer unter Berufung auf sein eigenes
Miteigenthumsrecht Klage erhebt und Leistung von
Schadensersatz für sich selbst verlangt, so kann natürlich
bei Berechnung des Schadens nur dasjenige in Anschlag gebracht werden, was der Kläger selbst eingebüsst hat; hat z. B.
wegen Beeinträchtigung des Rechts die gemeinschaftliche Wiese
unbewässert bleiben müssen, und hat sich in Folge dessen der
Ertrag der Heuernte um 200 Mark verringert, so kann der
Kläger, dem das Miteigenthum zur Hälfte zusteht, an Schadensersatz nur 100 Mark beanspruchen, denn so hoch beläuft sich
sein eigener Schade, und vom Beklagten kann nicht verlangt
werden, dass er dem Kläger auch die dem anderen Miteigenthümer zukommende Summe auszahle, da er sich dadurch
diesem Letzteren gegenüber nicht befreit.

Aber, wird man fragen, kann der einzelne Miteigenthümer
nicht auch auf Hinterlegung der ganzen Ersatzsumme für alle
Miteigenthümer klagen?

Das ist zu bejahen. Unmittelbar freilich folgt dieser Satz
nicht aus dem Wortlaut des § 1011, auf welchen § 1027 verweist, aber es treffen hier genau dieselben Erwägungen zu.
Jedoch wird Kläger zu diesem Zwecke natürlich darthun müssen,
dass diejenigen Personen, für welche er die Hinterlegung fordert,
Miteigenthümer des herrschenden Grundstücks sind, und dass
ihnen allen zusammen das Eigenthum im Ganzen zusteht. Kann
Kläger diesen Beweis nicht erbringen, so erhält er Ersatz nur
zu seinem Theil.

Was von der Verfügung über die Grunddienstbarkeit im
Allgemeinen gilt, muss natürlich auch von der Wirkung des

---

1) Vgl. oben S. 58.

Urtheils gelten. Ist in einem Rechtsstreit zwischen einem Miteigenthümer des herrschenden Grundstücks und dem Eigenthümer des belasteten Grundstücks ein Urtheil ergangen, so wirkt dasselbe nur für und gegen diesen einen Miteigenthümer.

Behauptet ein Miteigenthümer z. B., dass die Löschung der Grunddienstbarkeit zu Unrecht eingetragen sei, weil die vom Gesetz geforderte „Erklärung des Berechtigten, dass er das Recht aufgebe" anfechtbar sei, so kann er, auch wenn die Richtigkeit seiner Behauptung durch rechtskräftiges Urtheil festgestellt ist, dennoch die Berichtigung des Grundbuchs nicht bewirken; der Beklagte ist durch dieses Urtheil nur dem Kläger gegenüber „gebunden", gleichwie durch eine Einigung zwischen ihm und dem letzteren. Behauptet ein Miteigenthümer dagegen, die Löschung sei auf Grund einer gefälschten Erklärung erfolgt, oder die Löschung sei versehentlich erfolgt, ohne dass überhaupt irgend eine Erklärung vorgelegen habe, dann kann er, wenn diese Behauptung durch rechtskräftiges Urtheil festgestellt ist, in der That die Berichtigung des Grundbuchs bewirken. Denn im ersten Falle erfolgte die Löschung auf Grund einer Verfügung „des Berechtigten", diese Verfügung muss daher aufgehoben werden, und die Aufhebung kann natürlich nur von allen Miteigenthümern zusammen bewirkt werden. Im zweiten Falle lag eine solche Verfügung überhaupt nicht vor, folglich war die Einigung, auf Grund deren die Eintragung erfolgt war, noch in Kraft, und gestützt auf diese Einigung kann, wie wir gesehen, jeder einzelne Miteigenthümer die Eintragung „beantragen";[1] deshalb widerspricht denn auch diese Entscheidung keineswegs dem allgemeinen Satz, dass das Urtheil nur für die Prozesspartei wirkt.

Behauptet der Eigenthümer des belasteten Grundstücks, dass die Grunddienstbarkeit zu Unrecht eingetragen sei, und wird die Richtigkeit seiner Behauptung auf Grund einer von ihm gegen einen der Miteigenthümer gerichteten Klage durch rechtskräftiges Urtheil festgestellt, so kann er die Löschung des Rechts nicht beantragen, und zwar auch dann nicht, wenn er dem Beklagten nachgewiesen, dass die Eintragung ohne die

---

1) Vgl. oben S. 54.

vom Gesetz (§ 873) erforderte „Einigung" erfolgt war; denn
andernfalls wäre die Möglichkeit gegeben eine Servitut per collu-
sionem zu löschen.

Natürlich behält auch für das B. G. B. der Satz „victoria
et aliis proderit"[1]) seine thatsächliche Bedeutung; ist der Eigenthümer des belasteten Grundstücks oder sonst Jemand, der das
Recht beeinträchtigt hat, auf Antrag eines Miteigenthümers
des herrschenden Grundstücks verurtheilt worden, eine Anlage
zu beseitigen, wiederherzustellen oder zu repariren, und hat
er dem Urtheile Folge geleistet, so ist diese Leistung eben
thatsächlich an alle Miteigenthümer gemeinschaftlich erfolgt.

3) Die Rechtsbeziehungen der Miteigenthümer des
herrschenden Grundstücks zu einander.

Wenngleich, wie wir gesehen, jeder einzelne Miteigenthümer
gegenüber dem Eigenthümer des belasteten Grundstücks und
überhaupt ‚nach aussen' ermächtigt ist, die Servitut auszuüben, so ist damit natürlich nicht die Frage entschieden,
ob er auch gegenüber seinen Genossen berechtigt ist, die Servitut nach eigenem Ermessen (‚suo arbitrio') auszuüben.

Vielmehr hat jeder Genosse das Recht, von dem anderen
zu verlangen, dass er die Servitut nur unter Wahrung des
gemeinsamen Interesses ausübe. Man denke z. B. an die Reparatur des gemeinsamen Weges, die Ausbeutung eines Stein-
bruchs u. dergl. m.

Es fragt sich nun aber, welche Grundsätze sind für die
Rechtsbeziehungen der Miteigenthümer zu einander hier massgebend, und insbesondere, kommen hier die für die Gemeinschaft geltenden Vorschriften des § 741 ff. zur Anwendung?

Der § 741 beschränkt die Anwendbarkeit dieser Vorschriften
auf den Fall, dass ein Recht Mehreren gemeinschaftlich „nach
Bruchtheilen" zustehe. Die Grunddienstbarkeit aber ist,
wie wir gesehen, ein untheilbares Recht. Müsste nun nicht
hieraus der Schluss gezogen werden, dass bezüglich der Grunddienstbarkeit eine „Gemeinschaft nach Bruchtheilen" nicht
vorliege?

---

1) l. 4 § 3 D. S. 5. Vgl. Dernburg Pandekten I § 255 Anm. 7 und
mein Miteigenthum nach römischem Recht S. 123—130.

Wir werden diese Frage an anderer Stelle[1] eingehender untersuchen; hier sei nur soviel bemerkt, dass der § 741, indem er von einer Gemeinschaft ‚nach Bruchtheilen‘ redet, dadurch die Anwendbarkeit der folgenden Paragraphen keineswegs auf den Fall beschränkt, dass jeder einzelne der mehreren Berechtigten das Recht nur pro parte ausüben kann, d. h. dass er Dritten gegenüber kraft seines einzelnen Theilrechts nur einen Anspruch auf Mitausübung geltend machen kann. Trotz des in § 741 gebrauchten Ausdrucks „Gemeinschaft nach Bruchtheilen" finden die folgenden Paragraphen auch Anwendung auf das gegenseitige, innere Verhältniss mehrerer in solidum Berechtigter, von denen jeder einzelne Dritten gegenüber das Recht wie ein Alleinberechtigter ausüben kann.

Der Ausdruck „nach Bruchtheilen" bezieht sich eben ganz und gar nicht auf den Gegensatz zwischen getheilten und ungetheilten (pro parte und in solidum zustehenden) Rechten, sondern vielmehr auf den Gegensatz zwischen der nach römischem Muster gebildeten Gemeinschaft und der deutschrechtlichen Gemeinschaft zur gesammten Hand.[1]

Es beruht auf einer althergebrachten, tief eingewurzelten, aber um desto schärfer zu bekämpfenden Begriffsverwechselung, dass man, um die Gesammthand zu charakterisiren, sagt, es seien hier keine ‚Antheile‘ vorhanden, das Recht stehe jedem Gemeinschafter ‚in solidum‘ zu.

Steht aber ein Recht Mehreren in solidum zu, so kann nach römischem Recht — und zur Erklärung eines römischen Begriffs wird wohl nur das römische Recht kompetent sein — jeder Gemeinschafter das Recht als das seinige Dritten gegenüber wie ein Alleinberechtigter geltend machen; bei der Gemeinschaft zur gesammten Hand jedoch kommt nach deutscher Anschauung — und hier kann natürlich nur diese entscheiden — das eigene Sonderrecht des Einzelnen nach aussen überhaupt nicht zur Geltung — weder pro parte noch in solidum — es müssen vielmehr nach aussen Alle gemeinsam handeln, oder es handelt nur einer, dann jedoch nicht kraft seines eigenen Individualrechts, sondern „in Vertretung kraft Gemeinschaftsrechts".[1]

---

1) Siehe Schluss.

Ob nun der Ausdruck „nach Bruchtheilen" zur Bezeichnung
der Gemeinschaft eines Rechts, welches von jedem der mehreren
Berechtigten nach aussen selbständig zur Geltung gebracht werden
kann, sehr glücklich gewählt ist, oder ob wir es hier nicht vielmehr mit einem Rest jener traurigen Begriffsverwechselung zu
thun haben, das soll später untersucht werden, hier genüge es
uns festzustellen, dass die Vorschriften der §§ 741 ff. auch auf
das gegenseitige, innere Verhältniss mehrerer in solidum
Berechtigter Anwendung finden.

Demnach ist zufolge § 744 Abs. 1 der einzelne Miteigenthümer des herrschenden Grundstücks seinen Genossen gegenüber zur Ausübung der Grunddienstbarkeit nur dann berechtigt,
wenn ein Widerspruch weder verlautbart ist, noch zu erwarten
steht; jedoch kann er zu einer zur Erhaltung der etwa vorhandenen Anlagen nothwendigen Massregel oder zu einer den
Interessen aller entsprechenden Ausübung des Rechts die Zustimmung der Genossen auf dem Klagewege erzwingen. Auch
hier kann die Ausübung durch Vereinbarung und Mehrheitsbeschlüsse geregelt werden. Die Stimmenmehrheit ist natürlich
nach der Grösse der Eigenthumsantheile zu berechnen.

Schwierigkeiten bereitet die Besitzfrage: Findet im Verhältniss der eine Grunddienstbarkeit gemeinsam Ausübenden zu
einander ein Besitzschutz überhaupt statt?

Soviel scheint mir zunächst sicher, dass reine Besitzhandlungen auch hier niemals als eine Besitzstörung gelten können.
Dagegen liegt Besitzstörung dann vor, wenn ein einzelner Genosse, trotz Verbots von Seiten eines anderen, thatsächliche
Verfügungsakte vornimmt, z. B. wenn er das Pflaster des gemeinsamen Weges aufreisst oder die Schleusen der Bewässerungsanlagen öffnet. Darf sich nun der Verbietende in solchem Falle
„der Eigenmacht mit Gewalt erwehren"?

Wenn man sich von dem Boden des Gesetzes nicht gar
zu weit in das Gebiet der Phantasie verlieren will, so wird
man hier wohl kaum mehr sagen dürfen, als dass dem Mitbesitzer des herrschenden Grundstücks gegen die eigenmächtige
Ausübung der Grunddienstbarkeit seitens seines Genossen der
Selbstschutz nur dann zusteht, wenn und insoweit der Besitz
des herrschenden Grundstücks zugleich auch den „Besitz der

Dienstbarkeit" in sich schliesst, sodass die eigenmächiige Ausübung zugleich auch als eine Störung des Sachbesitzes erscheint.
Dieses letztere liegt z. B. dann vor, wenn der Genosse in einem
Ausbau oder Ueberbau eigenmächtig schaltet, wenn er die auf
dem herrschenden Grundstück befindlichen Schleusen
der Bewässerungsanlagen öffnet u. dergl. m.

Ob aber bezüglich solcher Servituten, deren Ausübung
sich als ein Eindringen in die Sphäre fremden Sachbesitzes
darstellt (z. B. Wege-, Wald- und Weidegerechtigkeiten), den
Genossen der Selbstschutz gegen einander überhaupt zu gestatten sei, oder ob nicht vielmehr der Besitzer des belasteten
Grundstücks allein berufen sei, bei sich für Friede und Ordnung
zu sorgen, das wage ich nicht allgemein zu entscheiden, so
lange als die wichtige Vorfrage noch ungelöst ist, ob und in
wie weit der in § 1029 statuirte ‚Besitzschutz der Dienstbarkeit‘
dem die Servitut Ausübenden auch das Recht des ‚Selbstschutzes‘
gegenüber dem Besitzer der belasteten Sache gewährt?

Zur Zeit ist diese Frage in tiefstes Dunkel gehüllt, und
die Entscheidung derselben scheint mir sehr reiflicher Erwägung
zu bedürfen.

## § 6.  Miteigenthum und beschränkte persönliche Dienstbarkeiten.

Nach § 1090 unterscheidet sich die ‚beschränkte‘ persönliche
Dienstbarkeit von der Grunddienstbarkeit nur dadurch, dass
letztere zu Gunsten des jeweiligen Eigenthümers eines anderen
Grundstücks, erstere aber zu Gunsten einer individuell bestimmten Person besteht; dem Inhalte nach unterscheiden diese
beiden Rechte sich dagegen in Nichts.

Daraus ergiebt sich denn, dass das Wort „beschränkt" den
Gegensatz zwischen den in § 1090 ff. behandelten Dienstbarkeiten
einerseits und dem Niessbrauch andererseits nicht voll zum
Ausdruck bringt, denn jene unterscheiden sich von diesem nicht
sowohl durch die Beschränktheit, als vielmehr dadurch, dass sie
positiv fixirt sind, und nur aus diesem Grunde kann nach
allem oben Gesagten die ‚beschränkte‘ persönliche Dienstbarkeit
des § 1090 an einem Grundstücksantheil weder entstehen noch
weiterbestehen.

Dagegen kann die positiv fixirte persönliche Dienstbarkeit sehr wohl Mehreren gemeinschaftlich zustehen.

Nehmen wir z. B. an, es habe Jemand seinen beiden alten Schwestern das Recht vermacht, ein ihm gehöriges Haus unter Ausschluss des Eigenthümers als Wohnung zu benutzen. Solchenfalls ergäbe sich folgendes Rechtsverhältniss:

1) Jeder einzelnen Schwester steht nach aussen das Recht im Ganzen zu; sie kann, indem sie sich nur auf ihr eigenes Recht beruft, und ohne Rücksicht darauf, ob die Verfügung zu Gunsten der anderen gültig oder ungültig ist, oder ob das Recht der anderen zur Zeit noch besteht oder etwa durch Verzicht oder Tod der anderen erloschen ist — von dem Eigenthümer Einräumung des Alleinbesitzes verlangen. Der Eigenthümer kann nicht unter Hinweis darauf, dass das Recht der anderen nicht zur Entstehung gelangt oder erloschen ist, für sich Mitbesitz und Mitgebrauch in Anspruch nehmen. Denn ist das Recht der anderen — auch selbst nachdem es bereits von ihr erworben war — in Folge ihres Todes erloschen, so findet Akkreszenz statt; ebenso findet Akkreszenz statt, wenn die andere auf ihr Recht verzichtet hat, und dieses gilt auch dann, wenn der Verzicht „zu Gunsten des Eigenthümers" erfolgt ist; denn da das Wohnungsrecht nicht übertragbar ist (§ 1095), so ist ein solcher Verzicht insoweit wirkungslos. War dagegen die Ueberlassung der Ausübung gestattet, so rückt im Falle eines Verzichts „zu Gunsten des Eigenthümers" der letztere (gleich wie beim Erbbaurecht) an Stelle des Verzichtenden in die Gemeinschaft des Wohnungsrechts ein.

2) Klagt die eine Berechtigte gegen die andere auf Einräumung des Besitzes, so kann Beklagte die Klägerin durch Einräumung des Mitbesitzes befriedigen. Besitzen beide gemeinschaftlich, so finden in ihrem Verhältniss zu einander sämmtliche für den Mitbesitz und die Gemeinschaft „nach Bruchtheilen" geltenden Vorschriften Anwendung.

## § 7. Miteigenthum und Reallasten.

Der § 1106 bestimmt, dass ein „Bruchtheil eines Grundstücks" mit einer Reallast belastet werden kann, wenn er in dem Antheil eines Miteigenthümers besteht. Das mag in der

That durch praktisches Bedürfniss geboten sein: Zweien Brüdern gehört ein Landgut; der ältere übergiebt seinen Antheil seinem Sohne gegen gewisse ihm von diesem zu entrichtende wiederkehrende Leistungen. Insoweit nun diese Leistungen in der Lieferung von Naturalien aus dem Grundstücke bestehen bietet das Verhältniss keine Schwierigkeiten und der Berechtigte kann seine Ansprüche auch gegenüber dem „unbelasteten" Miteigenthümer zur Geltung bringen. Sind z. B. Naturalien der ihm geschuldeten Art überhaupt auf dem Grundstücke geerntet worden, so kann er auf den Antheil des „belasteten" Miteigenthümers an denselben Beschlag legen, und auf Grund seines so entstandenen Pfändungspfandrechts nach § 1258 Abs. 2 Aufhebung der Gemeinschaft und Theilung in Natur verlangen (§ 752).

Was aber speziell den Altentheil anlangt, so können in demselben auch „Rechte auf Nutzungen des Grundstücks nach der Weise persönlicher Dienstbarkeiten" liegen [1]. Insoweit diese Nutzungen positiv fixirt sind [2] kann der Berechtigte seinen Anspruch auf dieselben den „unbelasteten" Miteigenthümern gegenüber natürlich nicht geltend machen.

Sollen wir nun daraus den Schluss ziehen, dass eine Reallast, insoweit in ihr auch das Recht auf positiv fixirte Nutzungen liegt, an dem Antheil eines Miteigenthümers nicht bestehen kann, und demnach auch nicht eintragsfähig ist?

In dieser Allgemeinheit ist der Satz zu verneinen.

Mit Recht bemerkt Dernburg [3]: „Für die im Altentheile enthaltenen Nutzungsrechte (positiv fixirten — füge ich hinzu) am Grundstücke sind die Vorschriften des B. G. B. § 1090 über beschränkte persönliche Dienstbarkeiten vorbildlich; für Belastungen anderer Art die Vorschriften über Reallasten § 1105 ff." „Nichtsdestoweniger ist das Verhältniss als ein einheitliches aufzufassen".

Unter Zugrundelegung dieses Satzes kommen wir zu folgendem, wie ich glaube, nach jeder Richtung hin befriedigenden Resultaten:

---

1) Dernburg, das bürgerliche Recht des Deutschen Reichs Bd. III. Seite 562.
2) Vgl. oben II, § 5.
3) Das bürgerliche Recht des Deutschen Reichs Bd. III, S. 562 u. 563.

1) Insoweit in der Reallast positiv fixirte Nutzungen liegen, kann der Berechtigte seine Ansprüche auf dieselben gegenüber den „unbelasteten" Miteigenthümern nicht geltend machen, insbesondere kann in diesem Falle nicht eine dem § 1066 analoge Gemeinschaft zwischen ihm und den letzteren angenommen werden, denn eine solche Gemeinschaft ist in Ansehung positiv fixirter Nutzungsrechte nicht durchführbar.[1])

2) Trotzdem bleibt die Reallast ein einheitliches Recht, sie **kann in ihrem ganzen Umfange eingetragen werden**, und hat auch bezüglich der positiv fixirten Nutzungsrechte nach einer Richtung hin dingliche, durch die Eintragung geschützte Wirkung. Denn nach § 1108 haftet der Eigenthümer für die während der Dauer seines Eigenthums fällig werdenden Leistungen auch persönlich. Natürlich gilt diese Vorschrift nicht nur in Bezug auf den Besteller sondern auch in Bezug auf dessen Sondernachfolger. Demgemäss kann der Berechtigte auf Grund seines dinglichen Rechts nicht nur vom Besteller sondern auch von dessen Sondernachfolgern Gewährung der ihm zugesicherten Nutzungen beanspruchen.

### § 8. Miteigenthum und Vorkaufsrecht.

Ein dingliches Vorkaufsrecht kann nur an einem Grundstücke, nicht aber auch an beweglichen Sachen bestellt werden (§ 1094).

Nach § 1095 kann auch ein Bruchtheil eines Grundstücks mit dem Vorkaufsrechte belastet werden, wenn er in dem Antheile eines Miteigenthümers besteht.

Demnach können mehrere Miteigenthümer oder alle, **unabhängig** von einander, derselben Person das Vorkaufsrecht an ihrem Antheile einräumen; solchenfalls kann der Berechtigte, auch wenn die Miteigenthümer gemeinsam das Grundstück im Ganzen verkaufen, bezüglich **eines** Antheils sein Recht ausüben, bezüglich eines anderen aber auf sein Recht verzichten.

Anders liegt das Verhältniss wenn alle Miteigenthümer ihm gemeinsam das Vorkaufsrecht an dem Grundstück im Ganzen

---

1) Vgl. oben II, § 5.

eingeräumt haben. Verkaufen in diesem Falle die Miteigenthümer gemeinsam das Grundstück im Ganzen, so kann der
Berechtigte sein Vorkaufsrecht nur im Ganzen oder garnicht
ausüben; nicht aber darf er sein Recht nur bezüglich des
Antheils eines Miteigenthümers geltend machen. Denn diese
letztere Befugniss steht dem Vorkaufsberechtigten auch dann
nicht zu, wenn ihm das Recht vom Alleineigenthümer eingeräumt worden ist, und es liegt keinerlei Veranlassung vor,
diese beiden Fälle nach verschiedenen Grundsätzen zu beurtheilen.

Ein Miteigenthümer kann ein Vorkaufsrecht an seinem
Antheile auch einem oder mehreren seiner Genossen einräumen.
Im letzteren Falle kann das Recht den mehreren Genossen
sukzessive oder gemeinschaftlich eingeräumt werden. Bei der
sukzessiven Einräumung entsteht ein Rangverhältniss, auf die
gemeinschaftliche findet § 513 Anwendung, wonach das Recht
nur im Ganzen oder garnicht ausgeübt werden kann.

## § 9. Miteigenthum und Pfandrecht.

1) An einem Bruchtheil eines Grundstücks kann eine
Hypothek, Grund- oder Rentenschuld nur dann bestellt werden,
wenn er in dem Antheil eines Miteigenthümers besteht (§ 1114);
wenn jedoch nach Belastung eines Bruchtheils das Miteigenthum
sich in Alleineigenthum verwandelt, so ergreift das Pfandrecht
nicht das Grundstück im Ganzen, sondern bleibt auf diesen
ehemaligen Bruchtheil beschränkt. (Vgl. C.P.O. § 864 Abs. 2.)

Ich glaube jedoch, dass das B.G.B. im § 1114 der Ver-
tragsfreiheit eine unnöthige und deshalb lästige Schranke gesetzt hat, denn es kann auch für den Alleineigenthümer sehr
wohl ein Bedürfniss vorhanden sein, ein Pfandrecht an einem
zu diesem Zwecke eigens zu bildenden Bruchtheile zu begründen.
Ich denke z. B. an folgenden Fall: Ein Vater, dessen einziges
Vermögen in einem Landgute oder einem Hause besteht, muss
zur Bezahlung der Schulden eines seiner Söhne eine Geldsumme
aufnehmen, deren Betrag ungefähr dem Erbtheile gleichkommt,
den dieser Sohn nach dem Tode des Vaters zu erwarten hat.
Wenn nun der Vater in dieser Veranlassung dem Gläubiger
des Sohnes eine Hypothek oder Grundschuld an dem Grund-

stück im Ganzen bestellt, so setzt er seine anderen Kinder der
Gefahr aus, dass bei später etwa eintretender Werthminderung
des Grundstücks ihr Erbtheil thatsächlich geschmälert wird.
Dieses würde vermieden, wenn der Vater eigens zum Zwecke
der Hypothekenbestellung einen Bruchtheil bilden dürfte, auf
welchen er dann den verschuldeten Sohn im Testament beschränken könnte. Welche Erwägungen den Gesetzgeber ver-
anlasst haben, derartige loyale Rechtsgeschäfte zu verbieten,
ist aus den Materialien zum B.G.B. nicht ersichtlich.

Ist der Antheil eines Miteigenthümers an einem Grundstücke verpfändet, so kann der Pfandgläubiger seine Ansprüche
nur in der Weise geltend machen, dass er in Ansehung des
ihm verpfändeten Bruchtheils die Zwangsversteigerung oder
Zwangsverwaltung beantragt.

Das römische Recht gewährte jedem Pfandgläubiger das
Recht die Aufhebung der Eigenthumsgemeinschaft zu verlangen;
das B.G.B. hat dieses Recht nur dem Mobiliarpfandgläubiger
zuerkannt (§ 1258 Abs. 2).

Einige Schwierigkeiten bietet die Vertheilung des Erlöses, wenn sowohl das Grundstück im Ganzen als auch die
einzelnen Antheile belastet sind. Die hierfür geltenden Grundsätze will ich an einem Beispiele darlegen.

Es sind folgende Hypotheken in folgender Rangordnung
eingetragen:

1) an dem Grundstück im Ganzen für A.  10,000 Mk.
2) an dem Antheile des a für B. . . .   2,000 „
3) an dem Antheile des b für C. . . .   3,000 „
4) an dem Grundstück im Ganzen für D.   1,000 „

Summa 16,000 Mk.

Es sind drei Miteigenthümer vorhanden: a, b und c, ihre
Antheile sind gleich. Der Erlös beträgt 16,000 Mark.

Zum Zwecke der Vertheilung muss der Erlös in so viele
Theile zerlegt werden als Eigenthumsantheile vorhanden sind.
Sind die Antheile ungleich, so muss natürlich auch der Erlös
in derselben Proportion getheilt werden.

In unserem Falle ergibt die Vertheilung des Erlöses auf
die einzelnen Eigenthumsantheile für jeden derselben die Summe

von 5333 $^1/_3$ Mark. Desgleichen werden die Hypothekenforderungen, mit denen das Grundstück im Ganzen belastet ist, in entsprechende Theile zerlegt, so dass die Hypothekenforderung des A. in drei gleiche Theile von je 3333 $^1/_3$ Mark zerfällt. Jeden dieser Theile seiner Forderung darf nun A. aus dem auf die einzelnen Eigenthumstheile entfallenden Theile des Erlöses, bis zur Erschöpfung der letzteren, jedoch nur getrennt befriedigen. Er erhält also dreimal 3333 $^1/_3$ Mark und ist voll befriedigt.

Es verbleibt für jeden Eigenthumsantheil ein Betrag von je 2000 Mark.

Die zweite Hypothek ist die des B. Dieser darf sich nur an den auf den Antheil des a. entfallenden Theil des Erlöses halten. Er erhält also 2000 Mark und ist voll befriedigt; der Antheil des a. ist erschöpft.

C. nimmt von dem auf den Antheil des b. entfallenden Erlös 2000 Mark; der Antheil des b. ist damit erschöpft und C. fällt mit 1000 Mark aus.

D., der das Recht hat sich an den Erlös aller Antheile zu halten, ist, da die anderen erschöpft sind, genöthigt, sich ausschliesslich aus dem Antheil des c. zu befriedigen. Er erhält seine 1000 Mark voll, und c. behält noch eine hyperocha von 1000 Mark.

2) Auch ein Bruchtheil einer beweglichen Sache kann mit einem Pfandrechte nur dann belastet werden, wenn er in dem Antheil eines Miteigenthümers besteht. Ausdrücklich sagt das Gesetz dieses freilich nicht, jedoch scheint dieses aus den Anfangsworten des § 1258 hervorzugehen, in welchen ausschliesslich von einem „Pfandrecht an dem Antheile eines Miteigenthümers" gesprochen wird.

Zur Begründung eines solchen Antheilpfandrechts ist nach Analogie des § 1205 Einräumung des Mitbesitzes erforderlich.

Gleich dem Theilniessbraucher übt auch der Theilpfandgläubiger „die Rechte aus, die sich aus der Gemeinschaft der Miteigenthümer in Ansehung der Verwaltung der Sache und der Art ihrer Benutzung ergeben".

Bei Beeinträchtigung seines Rechts kann der Theilpfandgläubiger dieselben Ansprüche geltend machen wie der Miteigenthümer (vgl. § 1227); er kann demnach, wenn ihm der

Besitz entzogen, entweder Einräumung des Mitbesitzes oder
aber Hinterlegung der Sache für alle Gemeinschafter verlangen.

Nach § 1228 erfolgt die Befriedigung des Pfandgläubigers
aus dem Pfande durch Verkauf. Der Pfandgläubiger verkauft
die ihm verpfändete Sache, folglich ist der Theilpfandgläubiger
nur zum Verkauf des ihm verpfändeten Antheils berechtigt.
Jedoch räumt das B.G.B. (§ 1258 Abs. 2) in Uebereinstimmung
mit dem römischen Recht ihm auch die Befugniss ein, unabhängig von dem Willen des „belasteten" Miteigenthümers, die
Aufhebung der Gemeinschaft zu verlangen[1]).

---

1) Näheres hierüber siehe unten Kap. III § 1.

# Kap. III.

## Die Aufhebung der Gemeinschaft.

### § 1. Das Recht auf Aufhebung der Gemeinschaft.

Für die Gemeinschaft im Allgemeinen bestimmt § 749: Jeder Theilhaber kann jederzeit die Aufhebung der Gemeinschaft verlangen.

Für die Eigenthumsgemeinschaft im Besonderen bedarf dieser Satz einiger Erläuterungen, wobei wir das Eigenthum an Grundstücken und an beweglichen Sachen getrennt zu behandeln haben.

Verlangt der Miteigenthümer einer beweglichen Sache Aufhebung der Gemeinschaft, so muss er sein Miteigenthumsrecht nachweisen; Mitbesitz befreit ihn von diesem Beweise (§ 1006), jedoch muss dem Genossen der Beweis nachgegeben werden, dass dem Mitbesitzer das Miteigenthum nicht zustehe.

Ist der Antheil eines Miteigenthümers mit einem Pfandrecht oder einem Niessbrauch belastet, so kann der Miteigenthümer die Aufhebung der Gemeinschaft nur unter Zustimmung des Pfandgläubigers resp. Niessbrauchers verlangen. Andrerseits können auch Theilpfandgläubiger und Niessbraucher die Aufhebung verlangen; letzterer bedarf hierzu stets der Zustimmung des „belasteten" Miteigenthümers, ersterer jedoch nur bis zum Eintritt der Verkaufsberechtigung, nach Eintritt derselben ist er an die Zustimmung des Miteigenthümers nicht gebunden. Der Anspruch kann gegen jeden Mitbesitzer gerichtet werden; dieser jedoch kann das Verlangen zurückweisen unter Hinweis darauf, dass er (z. B. als Miether) überhaupt nicht oder (z. B. als Niessbraucher oder „belasteter" Miteigenthümer) wenigstens nicht ohne Mitwirkung eines Dritten das Theilungsgeschäft vornehmen kann.

Ist ein Grundstück Gegenstand des Miteigenthums, so kann
der Aufhebungsanspruch nur von demjenigen und gegen denjenigen geltend gemacht werden, der im Grundbuch als Miteigenthümer eingetragen ist. Macht ein im Grundbuch als
Miteigenthümer Eingetragener diesen Anspruch gegen einen
anderen geltend, so kann dieser das Verlangen zurückweisen
wenn ihm bekannt ist, dass jener nicht Miteigenthümer ist;
ebenso kann ein Miteigenthümer gegen einen anderen, von
dem er weiss, dass er zu Unrecht als Miteigenthümer eingetragen ist, diesen Anspruch nicht geltend machen; will er
die Aufhebung der Gemeinschaft rechtsgültig bewirken, so muss
er zunächst von demjenigen, der in Wahrheit sein Genosse ist,
verlangen, dass er sein Recht eintragen lasse (vgl. § 895).

Ist ein Grundstücksantheil mit einem Pfandrecht belastet,
so kann der belastete Miteigenthümer die Aufhebung trotzdem
ohne die Zustimmung des Pfandgläubigers verlangen, dem Pfandgläubiger dagegen steht ein solcher Anspruch überhaupt nicht
zu. Besteht an einem Grundstücksantheil ein Niessbrauch, so
kann die Aufhebung nur von dem belasteten Miteigenthümer
und dem Niessbraucher gemeinschaftlich verlangt werden (§ 1066).

Nach § 749 kann das Recht, die Aufhebung zu verlangen, durch Vereinbarung für immer oder auf Zeit
ausgeschlossen oder es kann die Ausübung desselben
von einer vorgängigen Kündigung abhängig gemacht
werden.

Ist das Recht nur auf Zeit ausgeschlossen, so tritt die
Vereinbarung im Zweifel mit dem Tode eines Theilhabers
ausser Kraft (§ 750).

In allen Fällen aber tritt die Vereinbarung ausser Kraft,
und die Aufhebung kann sofort verlangt werden, wenn ein
wichtiger Grund vorliegt. Wann ein solcher „wichtiger
Grund" anzunehmen sei, sagt das Gesetz nicht. Wir werden
jedoch nicht fehl gehen, wenn wir hier dieselben Grundsätze
zur Anwendung bringen, welche für das den Gesellschaftern
zustehende Kündigungsrecht gelten. In dieser Beziehung sagt
§ 723 „ein solcher Grund ist insbesondere vorhanden, wenn
ein anderer Gesellschafter eine ihm nach dem Gesellschafts-
vertrage obliegende wesentliche Verpflichtung vorsätzlich oder

aus grober Fahrlässigkeit verletzt oder wenn die Erfüllung einer solchen Verpflichtung unmöglich wird". Wenden wir diese Vorschrift auf unseren Fall an, so gelangen wir zu der Regel, dass jeder Miteigenthümer die Aufhebung trotz entgegenstehender Vereinbarung dann verlangen kann, wenn durch das Verbleiben eines anderen Theilhabers in der Gemeinschaft die Interessen derselben schwer geschädigt würden.

Nach § 751 wirkt eine solche Vereinbarung auch für und gegen die Sondernachfolger. Bei Grundstücken gilt dieses jedoch nur dann, wenn die Vereinbarung „als Belastung des Antheils im Grundbuch eingetragen ist" (§ 1010).

Für bewegliche Sachen wäre noch hervorzuheben, dass die Vereinbarung für und gegen den Sondernachfolger auch dann wirkt, wenn dieselbe ihm beim Erwerb des Antheils unbekannt war. Weiss er oder musste er wissen, dass die Sache dem Veräusserer nicht allein gehört, so hat er keine Veranlassung anzunehmen, dass das Gemeinschaftsverhältniss die für ihn günstigste Form habe, vielmehr muss er, wenn er es unterlassen hat sich genau zu unterrichten, auf jede gesetzlich zulässige Form der Gemeinschaft gefasst sein.

Darin ist klar und deutlich ausgesprochen, dass das Recht des einzelnen Miteigenthümers, der Aufhebung der Gemeinschaft zu widersprechen, ein dingliches Recht ist, ein Recht an der Sache, oder genauer ein Recht an einem Bruchtheil der Sache, ein Recht, das zu Gunsten eines jeden einzelnen Bruchtheils an den übrigen Bruchtheilen besteht.

Das kann und wird Niemand bestreiten.

Trotzdem bestimmt § 751 Satz 2:

„Hat ein Gläubiger die Pfändung des Antheils eines Theilhabers erwirkt, so kann er ohne Rücksicht auf die Vereinbarung die Aufhebung der Gemeinschaft verlangen, sofern der Schuldtitel nicht blos vorläufig vollstreckbar ist".

Und § 1258 bestimmt:

„Besteht ein Pfandrecht an dem Antheil eines Miteigenthümers, ..... so kann nach dem Eintritt der Verkaufsberechtigung der Pfandgläubiger die Aufhebung der Gemeinschaft verlangen, ohne dass es der Zustimmung des Miteigenthümers bedarf; er ist nicht an eine Vereinbarung gebunden, durch

welche die Miteigenthümer das Recht, die Aufhebung der
Gemeinschaft zu verlangen für immer oder auf Zeit ausgeschlossen oder eine Kündigungsfrist bestimmt haben.

Dadurch wird, das darf nicht verkannt werden, eines der
Grundprinzipien des B. G. B. auf den Kopf gestellt, der Satz
nämlich, dass für die Rangordnung von Rechten an einer
beweglichen Sache die Zeit der Bestellung massgebend ist. (§ 1208 und C. P. O. § 898).

In unserem Falle hat der Verpfänder bereits ein dingliches
Recht an seinem Antheil bestellt; gewisse in seinem Rechte
liegende Befugnisse sind aus demselben ausgeschieden; dieses
so verminderte Recht verpfändet er, und nun soll der Pfandgläubiger diese Befugnisse, die dem Verpfänder gar nicht zu-
standen, und von denen er wusste, dass sie ihm nicht
zustehen, dennoch erwerben. Wie dieser Erwerb juristisch,
an der Hand der vom B. G. B. entwickelten Grundbegriffe zu
konstruiren wäre, ist mir nicht klar.

Freilich unterliegt es keinem Zweifel, dass die hierdurch
geschaffene Situation für den Pfandgläubiger eine äusserst vor-
theilhafte ist; es ist gewiss vortheilhafter einen Antheil an dem
Erlös des unbelasteten Ganzen zu erhalten, als den ganzen Erlös
des belasteten Antheils.

Aber sollte diese Erwägung ausreichend sein, um dem
Pfandgläubiger, der ein Pfandrecht an einem werthlosen Gegenstand (dem belasteten Bruchtheil einer beweglichen Sache) erworben, zu gestatten, behufs Befriedigung seiner Forderung
einen Eingriff in fremdes Vermögen zu thun; denn das
Recht, der Aufhebung zu widersprechen, ist ein Vermögens-
objekt und kann unter Umständen ein sehr werthvolles sein,
dessen Verlust dem Inhaber höchst schmerzlich ist, und indem
er dieses Vermögensrecht verdinglichte, glaubte er es doch
wenigstens gegen „bösgläubige Erwerber" in Sicherheit gebracht
zu haben. Aber er täuschte sich.

Nehmen wir nun etwa an, ich hätte meinem Gläubiger
meinen Rappen verpfändet, oder er hätte die Pfändung desselben
auf Grund eines nicht nur vorläufig vollstreckbaren Schuldtitels
erwirkt. Ohne Zweifel wäre es für den Gläubiger durchaus vor-
theilhaft, wenn er seine Hand auch gegen den ganz ähnlichen

Rappen meines Nachbarn ausstrecken dürfte, um beide Pferde als ein Paar zu verkaufen; er würde dafür mindestens 3 bis 4mal soviel erhalten als für meinen Rappen allein, und die Hälfte des Erlöses bekäme dann mein Nachbar.

Ich glaube nicht, dass es gelingen wird, auf dem Wege juristischer Konstruktion, an der Hand der vom B. G. B. entwickelten Grundbegriffe einen begrifflichen Unterschied zwischen diesen beiden Fällen nachzuweisen. Der Unterschied liegt, glaube ich, nur darin, dass der zweite Fall einfacher und durchsichtiger ist, und dass die Unbilligkeit und juristische Irregularität hier daher deutlicher iu die Augen fällt. Das B. G. B. kann sich auch nicht auf das römische Recht berufen. In den Digesten finden wir folgende Bestimmung:

Fr. 16 § 1 pro socio 17, 2 Ulpianus libro trigesimo ad Sabinum.

Qui igitur paciscitur ne dividat, nisi aliqua justa ratio intercedat, nec vendere poterit, ne alia ratione efficiat, ut dividatur, sed sane potest dici venditionem quidem non impediri, sed exceptionem adversus emptorem locum habere, si ante dividat, quam divideret is qui vendidit.[1])

Ob nun der erste Satz dieses Fragments von Sabinus und der zweite von Ulpian herrührt, oder ob der Zusatz vielmehr dem Kaiser Justinian zuzuschreiben ist, diese Frage können wir hier füglich unerörtert lassen; jedenfalls steht soviel fest, dass das Justinianische Recht bezüglich der Wirkung dieser Vereinbarungen gegen Sondernachfolger sich in prinzipieller Uebereinstimmung mit dem B. G. B. befindet, ohne jedoch, wie dieses, irgendwelche Ausnahmen zu Gunsten des Pfandgläubigers zu statuiren.

Die vom B. G. B. zu Gunsten des Pfandgläubigers statuirte Ausnahme macht die allgemeine Bestimmung über die Wirkung dieser Vereinbarungen gegen die Sondernachfolger vollkommen illusorisch: Gestern habe ich einen Vertrag über Ausschluss

---

1) Ebenso fr. 14 § 3 D. 10. 3. Auf die dingliche Wirkung solcher Vereinbarungen nach römischem Recht hat meines Wissens zuerst Kohler hingewiesen in der Zeitschrift für französisches Civilrecht Bd. VIII, S. 177 ff.; er betont ausdrücklich, dass auch die Gläubiger an diese Vereinbarungen gebunden sind.

der Aufhebung geschlossen, heute verpfände ich meinen Antheil
und morgen schon kann die Aufhebung verlangt werden.

In Veranlassung eines in der Kommission für die zweite
Lesung des Entwurfs gestellten Antrags, nach welchem die Auf-
hebung nicht zu einer solchen Zeit sollte verlangt werden können,
in welcher sie dem Gesammtinteresse der Theilhaber widerstreite,
äusserte sich die Mehrheit, die diesen Antrag ablehnte, wie folgt:[1])
„Für das Gesetz liege kein Anlass vor, das Fortbestehen der
Gemeinschaften zu fördern" .'. .. „Wo die Betheiligten ein besonderes Interesse haben, sich gegen einen Missbrauch des
Rechts auf Aufhebung zu schützen, sei es ihnen möglich, durch
Begründung einer Gesellschaft oder durch besondere Vereinbarungen Vorsorge zu treffen."

Wir haben soeben gesehen, dass gegen den Missbrauch auch
die „besonderen Vereinbarungen" nicht schützen. Die Begründung einer Gesellschaft freilich macht die Verpfändung unmöglich, aber sie schützt die Genossen nicht gegen den Pfändungspfandgläubiger. In dieser Beziehung bestimmt § 725 Abs. 1:

Hat ein Gläubiger eines Gesellschafters die Pfändung des Antheils des Gesellschafters an dem Gesellschaftsvermögen erwirkt, so kann er die Gesellschaft ohne Einhaltung einer
Kündigungsfrist kündigen, sofern der Schuldtitel nicht blos
vorläufig vollstreckbar ist.

Freilich steht es den Gesellschaftern frei eine Vereinbarung dahin zu treffen, dass wenn ein Gesellschafter (resp.
ein Gläubiger desselben) kündigt, die Gesellschaft unter den
übrigen Gesellschaftern fortbestehen soll; solchenfalls scheidet
derjenige, welcher gekündigt hat (resp. in dessen Namen gekündigt worden ist) aus der Gesellschaft aus (§ 736), sein Antheil am Gesellschaftsvermögen wächst den übrigen zu und
diese sind verpflichtet ihm (resp. seinem Gläubiger) dasjenige
zu zahlen, was er bei der Auseinandersetzung erhalten würde,
wenn die Gesellschaft zur Zeit seines Ausscheidens aufgelöst
worden wäre (§ 738).

Dadurch wird in der That allen billigen Anforderungen
Genüge geleistet. Aber wie wenige Gemeinschafter können

---

[1]) Protokolle 6 und 7 Lieferung S. 751.

diese geheimen Schlingen die ihnen das Gesetz im § 751 und § 1258 legt, und wie viele treffen ihre Vereinbarungen, ohne sich eines gewiegten juristischen Beiraths zu bedienen! Ein Recht aber, dass seinen Schutz nur dann gewährt, wenn die Betheiligten sich von einem Rechtsgelehrten einen genau verklausulirten Kontrakt haben ausarbeiten lassen, darf nicht den Anspruch erheben, volksthümlich zu sein, und die Interessen der ruhig schaffenden Volkskreise wahrzunehmen.

Es mag sein, dass das Gesetz keinen Anlass hat „das Fortbestehen einer Gemeinschaft zu fördern", wenn einer oder gar mehrere der Genossen um jeden Preis hinausmöchten, dagegen ist ein solcher Anlass unbedingt dann vorhanden, wenn alle Genossen durch das Fortbestehen der Gemeinschaft ihre Interessen am besten gewahrt glauben; unter diesen Umständen einem Dritten die gewaltsame Sprengung zu gestatten, widerspricht entschieden den Aufgaben der Rechtsordnung.

Wenn wir nun also gesehen haben, dass die dem Pfandgläubiger und dem Pfändungspfandgläubiger in § 1258 resp. § 751 gewährten Befugnisse zu weitgehend sind, so wird sich fragen, welche anderen Befugnisse ihnen an Stelle derselben einzuräumen wären.

Zunächst könnte man daran denken, sie nach allgemeinen Grundsätzen auf das Recht zu beschränken, den Antheil, an welchem sie ein Pfandrecht haben, zu verkaufen. Und in der That wären die berechtigten Interessen des Pfandgläubigers dadurch ausreichend berücksichtigt; denn wer einen minderwerthigen Gegenstand freiwillig zum Pfand nimmt, muss sich mit demselben begnügen. Anders liegt die Sache beim Pfändungspfandgläubiger. Die Billigkeit verlangt, dass dem die Vollstreckung betreibenden Gläubiger das Vermögen seines Schuldners in seinem ganzen wirklichen Umfange zur Verfügung gestellt werde. Der Verkaufswerth des Bruchtheils wird aber in der Regel dem Antheile an dem Werth der ganzen Sache, der in dem Vermögen des Schuldners steckt, durchaus nicht entsprechen. Es wird wohl nur in den seltensten Fällen, zumal wenn die Theilung ausgeschlossen, gelingen, einen solchen Bruchtheil preiswürdig zu verkaufen.

Aus demselben Grunde aber widerspricht der Verkauf des Bruchtheils, sei es dass er vom Pfandgläubiger, sei es dass er vom Pfändungspfandgläubiger betrieben wird, auch den Interessen des Schuldners selbst, denn der Betrag, um welchen seine Schuld sich durch diesen Verkauf vermindert, ist kleiner als der Werth dessen, was er verliert.

Es giebt jedoch noch ein drittes Mittel, durch welches die Interessen aller Betheiligten gleichmässig berücksichtigt werden, und welches die Reichsgesetzgebung an anderer Stelle selbst gewählt hat: Zufolge H. G. B. § 141 können die Mitglieder einer offenen Handelsgesellschaft, auch wenn der Gesellschaftsvertrag eine dahingehende Bestimmung nicht enthält, im Falle ein Gläubiger eines Gesellchafters den Antheil desselben gepfändet und die Gesellschaft gemäss § 135 gekündigt hat, beschliessen, dass die Gesellschaft unter ihnen fortbestehe; der Gesellschafter, dessen Antheil gepfändet, scheidet dann mit dem Ende des Geschäftsjahrs aus der Gesellschaft aus; die verbleibenden Gesellschafter aber haben dem Gläubiger dasjenige herauszugeben, was der Ausscheidende erhalten hätte, wenn die Gesellschaft in jenem Zeitpunkt aufgehoben worden wäre.

Der in dieser Vorschrift zum Ausdruck gelangende Grundsatz müsste nicht nur auf die Gesellschaft des bürgerlichen Rechts, sondern auch auf die Gemeinschaft nach Bruchtheilen ausgedehnt werden. Das Recht des Pfandgläubigers und des Pfändungspfandgläubigers, die Aufhebung trotz entgegenstehender Vereinbarung der Theilhaber zu verlangen, müsste dann natürlich beseitigt werden.

Demnach würde § 751 Satz 2 etwa folgende Fassung erhalten: Hat ein Gläubiger die Pfändung des Antheils eines Theilhabers erwirkt, so kann er von den Theilhabern verlangen, dass sie ihm dasjenige zahlen, was der Theilhaber, dessen Antheil er gepfändet, erhalten würde, wenn die Aufhebung der Gemeinschaft zur Zeit der Pfändung erfolgt wäre.

§ 1258 Abschn. 2 Satz 2 Halbsatz 2 wäre wie folgt abzuändern: Haben die Miteigenthümer das Recht, die Aufhebung der Gemeinschaft zu verlangen, für immer oder auf Zeit ausgeschlossen oder eine Kündigungsfrist bestimmt, so findet die Vorschrift des § 751 Satz 2 entsprechende Anwendung.

Ist ein Grundstück Gegenstand des Miteigenthums, so steht dem Hypothekar oder Grundschuldgläubiger, zu dessen

Gunsten nur ein Antheil belastet ist, das Recht die Aufhebung der Gemeinschaft zu verlangen überhaupt nicht zu; vielmehr findet hier die Zwangsvollstreckung nur in den zu seinen Gunsten belasteten Bruchtheil statt. Ebenso findet in Ansehung eines Grundstücks auch § 751 Satz 2 keine Anwendung, denn „die Pfändung" eines Grundstücks kann überhaupt nicht „erwirkt" werden; dieser technische Ausdruck bezieht sich nur auf die Zwangsvollstreckung in das bewegliche Vermögen (siehe C. P. O. §§ 803 und 866), wozu die Civilprozessordnung übrigens auch Forderungen und „andere Vermögensrechte" rechnet.

Uebrigens muss hier noch auf eine ganz absonderliche Konsequenz jener prinziplosen Bestimmung des § 751 Satz 2 hingewiesen werden. Haben nämlich die Miteigenthümer eines Grundstücks sich damit begnügt, das Recht, die Aufhebung zu verlangen, auszuschliessen, und haben sie diese Vereinbarung als Belastung der einzelnen Bruchtheile eingetragen, so können sie von Niemanden zur Aufhebung gezwungen werden. Haben sie dagegen in der Absicht, der Gemeinschaft eine festere Form zu verleihen und ihr Fortbestehen möglichst zu sichern, das vom Gesetz zu diesem Zwecke gebotene Mittel gewählt, und einen Gesellschaftsvertrag geschlossen, sowie auch das Immobil grundbuchmässig zum Gesellschaftsvermögen erhoben, dann fallen sie wiederum in die Schlingen des § 751 Satz 2. Denn nach C. P. O. §§ 857 und 859 finden auf die Zwangsvollstreckung in den Antheil eines Gesellschafters an dem Gesellschaftsvermögen die Vorschriften über die Zwangsvollstreckung in das bewegliche Vermögen entsprechende Anwendung, und § 859 sagt ausdrücklich, dass dieser Antheil „der Pfändung unterworfen" sei.

Hat demnach ein Gläubiger eines Gesellschafters den Antheil desselben an dem Gesellschaftsvermögen gepfändet, so kann er gemäss § 725 die Gesellschaft kündigen und das Grundstück im Ganzen zur Versteigerung bringen. Ich möchte fast glauben, dass der Gesetzgeber es unterlassen hat, diese Konsequenz in Erwägung zu ziehen.

## § 2. Die Auseinandersetzung.

Was die Art der Theilung des gemeinschaftlichen Gegenstandes anbetrifft, so ist hier dem Richter nicht jene freie Stellung

eingeräumt, wie der römische Richter sie besass, vielmehr kann er
nur über einen von den Parteien gestellten Antrag entscheiden.
Stützt eine Partei ihren Antrag auf eine von den Theilhabern getroffene Vereinbarung, so hat der Richter diesem
Antrage nachzugeben; dieses ist zwar im Gesetz nicht ausdrücklich bestimmt, ergiebt sich aber aus den allgemeinen Vorschriften über die Wirkung der Verträge. Haben z. B. die
Theilhaber vereinbart, dass, im Falle einer von ihnen die Aufhebung der Gemeinschaft verlangt, den anderen das Recht zustehen soll, ihn gegen Zahlung des Schätzungswerthes seines
Antheils aus der Gemeinschaft auszukaufen, so kann jeder einzelne Theilhaber gegen Entrichtung dieser Summe sich der
Theilung in Natur und dem Verkauf des gemeinschaftlichen
Gegenstandes widersetzen. Selbstverständlich gilt eine solche
Vereinbarung (bei Grundstücken, wenn sie eingetragen) auch
für und gegen die Sondernachfolger eines Theilhabers, insbesondere auch gegen einen Antheilspfandgläubiger sowie gegen
einen Gläubiger, der die Pfändung des Antheils eines Theilhabers erwirkt hat; denn das Gesetz (§ 751 und § 1258) spricht
diesen nur das Recht zu, trotz entgegenstehender Vereinbarung
die Aufhebung der Gemeinschaft zu verlangen, nicht aber gestattet das Gesetz ihnen die Art der Auseinandersetzung abweichend von getroffenen Vereinbarungen zu bestimmen. Dasselbe wird zu sagen sein, wenn die Theilhaber vereinbart haben,
dass die Versteigerung nur unter ihnen, ohne Zulassung eines
Dritten, vorgenommen werden solle, wobei der Pfandgläubiger
resp. der Pfändungspfandgläubiger natürlich nicht als „Dritter“
zu betrachten ist, denn er übt ja nur das Recht des „belasteten“
Miteigenthümers aus. Für den Gläubiger, der die Pfändung
eines Antheils erwirkt, mag eine solche Vereinbarung freilich
eine höchst unangenehme Ueberraschung sein; aber er wird
nicht weniger unangenehm überrascht sein, wenn sich heraus-
stellt, dass der Antheil bereits verpfändet oder mit einem Niessbrauch belastet ist, und es bleibt ihm eben in allen diesen
Fällen nichts anderes übrig, als die Belastung des Antheils auf
Grund des Gesetzes vom 21. Juli 1879 betr. Anfechtung von
Rechtshandlungen des Schuldners ausserhalb des Konkursver-
fahrens anzufechten. Freilich steht ihm auch frei, anstatt die

Aufhebung der Gemeinschaft zu verlangen, den Antheil unter Zulassung dritter Personen zur Versteigerung zu bringen.

Ist über die Art der Theilung eine Vereinbarung nicht getroffen, oder beruft keine der Parteien sich auf eine solche Vereinbarung, so wird es in erster Reihe die Aufgabe des Richters sein, eine Einigung der Parteien während des Verfahrens herbeizuführen. Unter besonders schwierigen Umständen war dem römischen Richter gestattet, durch Anordnung einer Abstimmung einen Mehrheitsbeschluss der Parteien herbeizuführen (l. 5 D. 10. 2)[1]), leider hat das B. G. B. den Richter dieses Mittels beraubt.

Kann eine Einigung nicht erzielt werden, so muss der Richter in erster Reihe denjenigen Antrag berücksichtigen, der auf Theilung in Natur geht; jedoch kann einem solchen Antrage nur dann nachgegeben werden, „wenn der gemeinschaftliche Gegenstand oder, falls mehrere Gegenstände gemeinschaftlich sind, diese sich ohne Verminderung ihres Werthes in gleichartige den Antheilen der Theilhaber entsprechende Theile zerlegen lassen" (§ 752). Hierzu bemerken die Motive (zu § 769 Abs. 1 Entw. I): „Die Voraussetzungen des Anspruchs auf Naturaltheilung mögen, abgesehen von Geld, nicht häufig vorkommen." Indessen können diese Voraussetzungen auch bei anderen Gegenständen zutreffen, z. B. bei unbebauten Flächen von gleichartiger Bodenbeschaffenheit, bei einem langgestreckten, der Strassenlinie parallel laufenden Bauplatze, bei Dutzendwaaren und dergl. mehr. Ueberhaupt wird man den Ausdruck „gleichartig" nicht zu eng auffassen dürfen, vielmehr muss er nach dem Zwecke des Gesetzes und nach den Umständen des gegebenen Falles bald enger bald weiter interpretirt werden. Der Zweck des Gesetzes aber ist, eine Theilung zu ermöglichen, die den Interessen aller Parteien am meisten entspricht, Keinen zu bevorzugen, und Jedem einen Gegenstand zuzuweisen, der ihm mindestens ebenso viel werth ist, wie sein Antheil am Ganzen. Und hier soll der Richter sich stets den weisen Spruch des Celsus gegenwärtig halten: bonus judex varie ex personis

---

1) Vgl. mein Miteigenthum nach römischem Recht S. 38.

causisque constituet[1]). Gehört z. B ein städtischer Bauplatz, dessen sofortiger Verkauf wegen der zeitweilig abnorm niedrigen Preise äusserst unvortheilhaft wäre, zweien Personen, von denen die eine zur Zeit über ausreichende Baarmittel verfügt, die andere nicht, so wird der Richter, wenn erstere die Aufhebung der Gemeinschaft verlangt, auf Antrag der letzteren auch dann auf Naturaltheilung erkennen müssen, wenn der Bauplatz sich zwar in zwei gleichwerthige, nicht aber absolut gleichartige Theile zerlegen lässt. Dadurch kommt er dem Zwecke des Gesetzes näher, als wenn er auf Grund pedantischer Erwägungen dem einen der Miteigenthümer die Möglichkeit gewährt, unter Ausnützung des niedrigen Preisstandes, den gemeinsamen Bauplatz zu einem Schleuderpreise ganz an sich zu reissen.

Ist die Theilung in Natur ausgeschlossen — und dieses ist nicht nur dann der Fall, wenn der Gegenstand sich nicht in gleichwerthige Theile zerlegen lässt, sondern auch dann, wenn keine Partei diese Theilungsart beantragt, und auch dann, wenn die Theilhaber sie durch Vereinbarung ausgeschlossen haben —, so findet Verkauf des gemeinschaftlichen Gegenstandes statt, und zwar bei beweglichen Sachen nach den Vorschriften über den Pfandverkauf (§ 1235 ff.) bei Grundstücken durch Zwangsversteigerung. Der Erlös wird den einzelnen Miteigenthümern nach dem Verhältniss ihrer Antheile zugetheilt.

Die Auseinandersetzung begreift jedoch nicht nur die Theilung des gemeinschaftlichen Gegenstandes in sich, vielmehr kann jeder Theilhaber in diesem Verfahren auch die Berichtigung gewisser den Theilhabern gegen Dritte gemeinsam obliegender Verbindlichkeiten, sowie gewisser ihm gegen einen anderen Theilhaber zustehender Forderungen verlangen.

In dieser Beziehung bestimmt zunächst § 755:

Haften die Theilhaber als Gesammtschuldner für eine Verbindlichkeit, die sie in Gemässheit des § 748 nach dem Verhältniss ihrer Antheile zu erfüllen haben oder die sie zum Zwecke der Erfüllung einer solchen Verbindlichkeit eingegangen sind, so kann jeder Theilhaber bei der Aufhebung der Gemeinschaft verlangen, dass die Tilgung der Schuld aus dem gemeinschaftlichen Gegenstande erfolge.

---

1) l. 38 D. 6. 1.

Hierher sind insbesondere zu rechnen öffentliche Lasten, die auf dem gemeinschaftlichen Gegenstande ruhen, Verbindlichkeiten, die die Theilhaber zur Erhaltung und Verwaltung der Sache als Gesammtschuldner übernommen haben u. dergl. m.

Ferner bestimmt § 756:

Hat ein Theilhaber gegen einen anderen Theilhaber eine Forderung, die sich auf die Gemeinschaft gründet, so kann er bei der Aufhebung der Gemeinschaft die Berichtigung seiner Forderung aus dem auf den Schuldner entfallenden Theile des gemeinschaftlichen Gegenstandes verlangen.

Welche Bedeutung haben nun die Worte des § 755 „aus dem gemeinschaftlichen Gegenstande"? Einfach beantwortet sich diese Frage, wenn der gemeinschaftliche Gegenstand oder der durch Versteigerung desselben erzielte Erlös in Geld besteht; dann wird eben von der Gesammtsumme soviel abgezogen, als zur Berichtigung der Schuld erforderlich ist, und nur der Rest gelangt zur Vertheilung.

Haben dagegen z. B. drei Personen eine Quantität Getreide aus dem Auslande importirt und sind sie, um den Einfuhrzoll erlegen zu können, eine Verbindlichkeit als Gesammtschuldner eingegangen, so ist zwar zunächst ebenso zu verfahren, d. h. von der ganzen Quantität wird ein Theil abgezogen, der seinem Werthe nach voraussichtlich dem Betrage der Schuld entspricht; der Rest kommt zur Vertheilung. Bezüglich der zurückbehaltenen Quantität aber steht jedem Theilhaber das Recht zu, zu verlangen, dass sie nach § 753 verkauft werde. Der Erlös dient dann zur Berichtigung.

Etwas komplizirter gestaltet sich das Verhältniss nach § 756, nach welchem die Berichtigung aus dem „auf den Schuldner entfallenden Theil" zu erfolgen hat.

Hierbei haben wir uns zunächst zu vergegenwärtigen, dass nach B. G. B. das Theilungsurtheil nicht gleich der römischen Adjudikation dingliche, sondern nur obligatorische Wirkung äussert; das Urtheil bewirkt nicht unmittelbar, dass das Miteigenthum an der ganzen Sache in Alleineigenthum an den realen Theilen verwandelt werde; vielmehr stellt es in Ansehung beweglicher Sachen nur fest, dass der Miteigenthümer verpflichtet sei, einen realen Theil aus seinem Mitbesitze herauszugeben, und in Ansehung eines Grundstückes ersetzt es dem Miteigenthümer, dem ein realer Theil zugesprochen ist, die ihm von seinen Genossen zu ertheilende Eintragsbewilligung (C. P. O. § 779).

Ist daher eine bewegliche Sache Gegenstand des Miteigenthums, und verlangt ein Theilhaber von seinem Genossen die Berichtigung einer Forderung, die sich auf die Gemeinschaft gründet, so ist im Urtheil auszusprechen, dass der Gläubiger den auf den Schuldner entfallenden Theil nur nach Berichtigung dieser Forderung aus seinem Mitbesitze herauszugeben habe. Solange als die Berichtigung nicht erfolgt ist, besitzt der Gläubiger den Theil des Schuldners wie ein Pfandgläubiger, und kann unter den gleichen Voraussetzungen wie dieser soviel von dem Theile des Schuldners verkaufen, als zur Berichtigung der Schuld erforderlich ist.

Handelt es sich um ein Grundstück, so ist im Urtheil auszusprechen, dass der Gläubiger berechtigt sei, sich eine Sicherungshypothek für seine Forderung an dem dem Schuldner zugetheilten Grundstücke eintragen zu lassen; zu diesem Zwecke kann er von dem Schuldner verlangen, dass auch dieser selbst sein Recht eintragen lasse; auch über diesen Antrag kann im Theilungsurtheile entschieden werden.

Die sich auf §§ 755 und 756 gründenden Ansprüche können nach ausdrücklicher Vorschrift des Gesetzes (§ 755 Abs. 2) auch gegen die Sondernachfolger des Schuldners geltend gemacht werden, woraus sich denn ferner ergiebt, dass die genannten Ansprüche einen Vorzug geniessen vor einem an dem Antheil des Schuldners bestehenden Pfandrecht, jedoch nur insoweit als jene Ansprüche früher entstanden sind als das Pfandrecht. Bei Immobilien erleidet dieser Satz eine Ausnahme, insofern die Ansprüche des Gläubigers den im Gesetz über die Zwangsversteigerung § 10 Nr. 1 bis 8 aufgestellten Voraussetzungen entsprechen; in diesem Falle gehen sie jedem Pfandrechte vor, auch selbst wenn sie später oder überhaupt nicht eingetragen sind.

Schliesslich sei hier noch Folgendes bemerkt: Bilden mehrere Sachen den Gegenstand des Miteigenthums, so wird man in der Regel so viele Gemeinschaften anzunehmen haben, als Sachen vorhanden sind, und jeder Miteigenthümer kann seinen Anspruch auf Aufhebung der Gemeinschaft auf jede einzelne Sache beschränken.

Sind jedoch die mehreren Sachen wirthschaftlich derart zusammengehörig, dass sie als ein einheitliches Rechtsgut erscheinen[1]), so liegt nur eine Gemeinschaft vor, und die Aufhebung kann nur im Ganzen verlangt werden.

Man wird vielleicht sagen, diese Feststellung sei praktisch unerheblich, denn wenn ein Miteigenthümer eine solche theilweise Aufhebung der Gemeinschaft verlangt, so könne der Genosse dieses Verlangen dadurch vereiteln, dass er die Aufhebung im Ganzen verlange; aber damit wird letzterem nicht immer gedient sein; er wünscht vielleicht die Fortdauer der Gemeinschaft, und weiss, dass auch der andere nicht für die vollständige Aufhebung ist; deshalb muss ihm das Recht zuerkannt werden, dem Verlangen theilweiser Aufhebung einfach zu widersprechen.[2])

## § 3. Das Schicksal der Sachenrechte nach Aufhebung der Gemeinschaft.

1) **Der Niessbrauch.** Besteht an der gemeinschaftlichen Sache ein Niessbrauch „im Ganzen", sei es zu Gunsten einer Person, sei es zu Gunsten mehrerer Personen, so wird, wenn die Sache zum Zwecke der Theilung des Erlöses an einen „Auswärtigen" veräussert wird, dadurch das Recht des Niessbrauchers in keiner Weise berührt, denn das Eigenthum geht mit der Belastung auf den Erwerber über. Dasselbe ist zu sagen, wenn das gemeinschaftliche Grundstück unter den einzelnen Miteigenthümern realiter getheilt, oder wenn eine Mehrheit von beweglichen Sachen unter ihnen vertheilt wird; in diesem Falle bleiben die so entstandenen Theile als ein Ganzes in der Hand des Niessbrauchers vereint, sodass er trotz der Theilung die einheitliche Bewirthschaftung des Grundstückes fortsetzen und die mehreren beweglichen Sachen wie bisher besitzen und benutzen kann. Deshalb kann denn auch die Aufhebung der Gemeinschaft von jedem einzelnen Miteigen-

---

1) Siehe oben Kap. II § 2 S. 47.
2) Vergl. jedoch oben S. 23.

thümer ohne Zustimmung des Niessbrauchers verlangt und die
Auseinandersetzung ohne seine Mitwirkung durchgeführt werden.
Anders liegt das Verhältniss, wenn der Niessbrauch nur an dem
Antheil eines Miteigenthümers besteht. Für diesen Fall bestimmt
§ 1066 Abs. 3:

Wird die Gemeinschaft aufgehoben, so gebührt dem
Niessbraucher der Niessbrauch an den Gegenständen, welche
an die Stelle des Antheils treten.

Das Gesetz sagt nicht „so erwirbt der Niessbraucher",
sondern „so gebührt dem Niessbraucher"; damit ist ausgesprochen, dass die Rechtsveränderung nicht unmittelbar durch
das Urtheil bewirkt wird, sondern dass der Niessbraucher durch
dasselbe nur einen Anspruch auf Durchführung dieser Rechtsveränderung erwirbt; es ist daher zur Begründung dieses neuen
Rechts noch die Uebergabe resp. die Eintragung ins Grundbuch
erforderlich.

Wird die gemeinschaftliche Sache in Natur getheilt und
zwar dergestalt, dass der dem „belasteten" Miteigenthümer
zugewiesene Theil seinem Werthe nach genau dessen bisherigem
Antheile an der ganzen Sache entspricht, so gebührt dem Niessbraucher der Niessbrauch an diesem realen Theile im Ganzen.
Erhält der Miteigenthümer (etwa gegen eine seinen Genossen
zu zahlende Entschädigung) einen realen Theil, dessen Werth
den Werth seines Antheiles übersteigt, so ist dem Niessbraucher
nach genauer Berechnung des Werthverhältnisses nur ein Niessbrauch zu einem Bruchtheile einzuräumen. Erhält der Miteigenthümer dagegen einen realen Theil, der dem Werthe nach
geringer ist als sein Antheil, und ausserdem eine Entschädigung
in Geld, so gebührt dem Niessbraucher der Niessbrauch sowohl
an dem realen Theile als an der Geldsumme. Wird die gemeinschaftliche Sache zum Zwecke der Vertheilung des Erlöses
an einen Auswärtigen veräussert, so kann ohne Zweifel unter
allen Betheiligten vereinbart werden, dass das Eigenthum mit
seiner Belastung auf den Erwerber übertragen werden soll; ich
möchte sogar zu der Ansicht hinneigen, dass es hierzu nicht
einmal der Zustimmung des Niessbrauchers bedürfe, denn diese
Art der Auseinandersetzung ist die einzige, durch welche seine
Rechtslage gar nicht berührt wird; vielmehr bleibt sein Recht

unverändert bestehen. Dagegen wäre es unbillig dem Niessbraucher die Befugniss einzuräumen, gerade diese Art der Auseinandersetzung von den Miteigenthümern zu verlangen; dadurch
würden die Interessen der letzteren empfindlich geschädigt
werden: es mag wohl gelingen, für eine im Ganzen mit Niessbrauch belastete Sache einen Käufer zu finden, kaum aber wird
man darauf rechnen können eine Sache preiswürdig loszu-
schlagen, die zu einem Bruchtheil mit einem Niessbrauch belastet ist. Andrerseits ist auch der Niessbrauch zu einem
Bruchtheil ein Recht von so zweifelhaftem ökonomischem Werthe,
dass ein verständiger Mensch sich kaum beschwert fühlen wird,
wenn man ihm dasselbe gegen einen Alleinniessbrauch an einer
Sache eintauscht, deren Werth dem des Bruchtheils gleichkommt.

Wir haben also gesehen, dass, ausgenommen den einen,
praktisch kaum in Betracht kommenden Fall der Veräusserung
der Sache cum onere, die Aufhebung der Gemeinschaft, und
in noch höherem Masse die Art der Auseinandersetzung, stets
einen wesentlichen Einfluss auf die Rechtslage des Antheil-
niessbrauchers ausübt. Deshalb bestimmt denn auch § 1066
Absatz 2:

Die Aufhebung der Gemeinschaft kann nur von dem
Miteigenthümer und dem Niessbraucher gemeinschaftlich verlangt werden.

Ohne Zweifel muss diese Vorschrift so ausgelegt werden,
dass dem Niessbraucher auch das Recht zusteht im Auseinander-
setzungsverfahren selbständig Anträge zu stellen und den
gestellten Anträgen zu widersprechen.

2) Ist ein im Miteigenthum stehendes Grundstück mit
einem Erbbaurechte belastet, welches, wie wir gesehen
haben[1], nie zu einem Bruchtheil entstehen oder weiterbestehen
kann, so übt die Aufhebung der Eigenthumsgemeinschaft keinerlei
Wirkung auf dasselbe aus, sei es dass das Grundstück an einen
Dritten veräussert, sei es dass es in Natur getheilt worden ist;
deshalb steht den Miteigenthümern jederzeit frei, die Auseinandersetzung ohne Mitwirkung und ohne Zustimmung des Erb-
bauberechtigten durchzuführen.

---

1) Kap. II, § 4.

3) In gleicher Weise können auch die Miteigenthümer eines mit einer Grunddienstbarkeit belasteten Grundstücks die Auseinandersetzung ohne Mitwirkung und ohne Zustimmung des Servitutberechtigten durchführen, denn die Lage des letzteren wird weder durch die Realtheilung noch die Veräusserung irgend geändert.

Eine scheinbare Ausnahme erleidet dieser Satz durch die Vorschrift des § 1026:

Wird das belastete Grundstück getheilt, so werden, wenn die Ausübung der Grunddienstbarkeit auf einen bestimmten Theil des belasteten Grundstücks beschränkt ist, die Theile, welche ausserhalb des Bereichs der Ausübung liegen, von der Dienstbarkeit frei.

In Wirklichkeit aber bleibt auch bei Anwendung dieser Vorschrift die Rechtslage des Servitutberechtigten vollkommen unverändert. In dieser Beziehung bemerken die Motive zu § 976 Entw. I: „Steht eine solche räumliche Beschränkung der Grunddienstbarkeit in Gemässheit des Begründungsvertrages fest, so geschieht dem Rechte keines Betheiligten Abbruch, wenn bei Abtrennung von Parzellen, welche von der Servitut nicht berührt werden, diese Parzellen so behandelt werden, als wenn sie nicht belastet wären." Genau ebenso liegt das Verhältniss, wenn das Grundstück der Servitutberechtigten getheilt wird. Für diesen Fall bestimmt § 1025:

Wird das Grundstück des Berechtigten getheilt, so besteht die Grunddienstbarkeit für die einzelnen Theile fort; die Ausübung ist jedoch im Zweifel nur in der Weise zulässig, dass sie für den Eigenthümer des belasteten Grundstücks nicht beschwerlicher wird. Gereicht die Dienstbarkeit nur einem der Theile zum Vortheile, so erlischt sie für die übrigen Theile.

Die gleichen Grundsätze finden Anwendung, wenn ein Grundstück getheilt wird, das mit einer „beschränkten"´persönlichen Dienstbarkeit belastet ist (§ 1090).

4) Wird ein im Miteigenthum befindliches Grundstück, an welchem eine Reallast besteht, getheilt, so haften die Eigenthümer der einzelnen Theile als Gesammtschuldner (§ 1108). Wird das Grundstück der Berechtigten getheilt, so besteht die

Reallast für die einzelnen Theile fort; nähere Bestimmungen hierüber enthält § 1109.

Ist der Antheil eines Miteigenthümers mit einer Reallast belastet, und wird das gemeinschaftliche Grundstück getheilt, so findet § 1108 entsprechende Anwendung, d. h. jedes der neu entstandenen Grundstücke bleibt zu dem entsprechenden Bruchtheil belastet, und die Eigenthümer derselben haften als Gesammtschuldner.

5) Ist ein Grundstück oder ist der Antheil eines Miteigenthümers an einem Grundstück mit einer Hypothek, Grund- oder Rentenschuld belastet, so wird durch die Theilung des Grundstücks die Rechtslage des Pfandgläubigers in nichts geändert; im ersten Falle bleiben die einzelnen Theile im Ganzen, im zweiten Falle — zu einem Bruchtheil belastet, und es entsteht ein Gesammtpfandrecht, auf welches die §§ 1132 und 1172—1175 Anwendung finden.

Ist der Antheil eines Miteigenthümers einer beweglichen Sache verpfändet, so finden im Falle der Aufhebung der Gemeinschaft dieselben Grundsätze Anwendung, wie bei dem Niessbrauche und zwar auf Grund derselben Erwägungen (§ 1258).

# Kap. IV.

## Die Eigenthumsgemeinschaft zur gesammten Hand.

Im Folgenden soll festgestellt werden, inwieweit die oben entwickelten, für das Miteigenthum nach Bruchtheilen geltenden Vorschriften auf die Gesammthand Anwendung finden, resp. inwieweit sie durch die für dieses Rechtsinstitut geltenden Grundsätze modifizirt oder ausser Kraft gesetzt werden.

Bei der grossen Verschiedenheit der einzelnen vom B. G. B. geregelten Arten der Gesammthand wird es sich empfehlen, dieselben getrennt zu behandeln.

1) Die Gemeinschaft nach Bruchtheilen am nächsten verwandt ist die Erbengemeinschaft.

Vorweg muss bemerkt werden, dass eine Gemeinschaft zur gesammten Hand nur bezüglich der einzelnen Nachlassgegenstände vorliegt.

Die Gemeinschaft des Erbrechts dagegen ist eine Gemeinschaft nach Bruchtheilen, welche, abgesehen von dem den Miterben zustehenden gesetzlichen Vorkaufsrechte (§§ 2034—2037) und einigen anderen geringfügigen Abweichungen (§§ 2043 und 2045)[1], durchweg den Vorschriften der §§ 741 ff. resp. der §§ 1008 ff. unterliegt.[2] Demnach kann jeder Miterbe über sein Recht am Nachlass verfügen (2033), und zwar sowohl durch Rechtsgeschäft als im Rechtsstreit, d. h. jeder Miterbe kann kraft eigenen Rechts, ohne Berufung auf das

---

1) Die §§ 2048 und 2049 enthalten keine Abweichungen von den Vorschriften der §§ 741 ff., denn auch bei einem Vermächtniss und einer Schenkung können derartige Bestimmungen getroffen werden.

2) Dieses wird häufig übersehen.

Recht seiner Miterben und auf seine Befugniss, dieselben zu
vertreten, selbständig und in eigenem Namen die Erbschaftsklage zu seinem Antheile erheben. Er kann aber auch gemäss
§ 432 Klage erheben, wobei er natürlich zu beweisen hat, dass
diejenigen Personen für welche er die Hinterlegung fordert,
Miterben sind und dass ihnen Allen zusammen das Erbrecht
im Ganzen zusteht; in diesem Falle muss er jede Einrede gegen
sich gelten lassen, die der Beklagte darauf gründet, dass er
durch Vertrag oder Rechtsstreit das Erbrecht eines der Miterben
an sich gebracht hat.

Verliert der Kläger den Prozess, weil er sein Erbrecht
nicht nachzuweisen vermochte, so gilt in beiden Fällen sein
Erbrecht als dem Beklagten zustehend; jedoch gilt das Urtheil
nur gegenüber dem Kläger als ein deklaratorisches, gegenüber den anderen Miterben hat es nur die Bedeutung eines
Rechtsgeschäfts, durch welches ein Miterbe seinen Antheil an
einen Dritten verkauft, wofern sie nachweisen, dass Kläger gegen
Entgelt den Prozess absichtlich verloren hat; denn sonst läge
es in der Hand jedes Miterben, das den anderen nach §§ 2034 ff.
zustehende Vorkaufsrecht durch einen fingirten Prozess illusorisch zu machen.

Bezüglich der einzelnen Nachlassgegenstände besteht eine
Gemeinschaft zur gesammten Hand. Im Verhältniss der Miterben zu einander tritt dieses aber, soweit es sich um Besitz
und Verwaltung der Erbschaftssachen handelt, gar nicht hervor;
hier gelten dieselben Regeln wie beim schlichten Miteigenthum,
mit nur einer Ausnahme, auf die ich bereits oben hingewiesen:
Nach § 2038 Abs. 1 Satz 2 ist jeder Miterbe dem anderen
gegenüber verpflichtet, zu Massregeln mitzuwirken, die zur
ordnungsmässigen Verwaltung erforderlich sind.

Um desto deutlicher aber tritt das Gesammthandverhältniss
nach aussen zu Tage: Ueber Erbschaftssachen können die Miterben nur gemeinschaftlich verfügen. Ein Rechtsgeschäft, durch
welches ein Miterbe seinen Antheil an einer Erbschaftsache
veräussert oder belastet, ist unwirksam; eine Eintragung ins
Grundbuch kann auf Grund eines solchen Rechtsgeschäfts nicht
erfolgen; die übergebene bewegliche Sache bleibt gemeinschaftliches Vermögen aller Miterben, auch des Veräusserers, es sei

denn dass der Erwerber den Veräusserer für den Alleineigenthümer hielt.

Die Singularklage auf Herausgabe einer Erbschaftssache
kann gegen einen besitzenden Dritten entweder von allen Erben
gemeinschaftlich, oder gemäss § 432 von einem für alle (§ 2039)
erhoben werden. Erhebt ein einzelner Miterbe diese Klage,
so braucht er nur den Nachweis zu führen, dass er selbst Miterbe ist und dass die Sache „zur Erbschaft" gehört; solchenfalls kann er verlangen, dass die Sache für „alle Miterben"
hinterlegt werde. Er braucht jedoch nicht die Hinterlegung für
einzelne bestimmte Personen zu fordern (wie beim schlichten
Miteigenthum) und braucht deshalb auch nicht zu beweisen,
dass denjenigen Personen, für welche er die Hinterlegung beansprucht, das Erbrecht im Ganzen zusteht. Wendet Beklagter
jedoch ein, er selbst sei Miterbe, dann muss Kläger, wofern
er nicht die Unrichtigkeit dieser Behauptung zu beweisen vermag, eventuell auch die Hinterlegung für den Beklagten verlangen. Wenn dagegen Beklagter die Herausgabe unter dem
Vorwande verweigert, dass er auf Grund eines mit einem Miterben geschlossenen Vertrages ein dingliches Recht an dessen
Antheil erworben habe, so ist eine solche Einwendung als rechtlich unmöglich gar nicht zuzulassen; ja dieses gilt selbst dann,
wenn Beklagter behauptet, ein solches Recht durch Vertrag
mit dem Kläger erworben zu haben. Dasselbe gilt auch in Beziehung auf die Wirkung eines Rechtsstreits: Hat z. B. ein Miterbe — etwa aus Rechtsirrthum — seinen Antheil an einer Erbschaftssache von einem Dritten vindizirt und ist abgewiesen
worden, so kann er nichtsdestoweniger gemäss § 2039 auf Hinterlegung für „alle Miterben" klagen. Anders wenn er die Erbschaftsklage zu seinem Antheil erhoben hat und abgewiesen
worden ist; dann kann er weder die Erbschaftsklage nach § 432
noch die Einzelklage nach § 2039 erheben. Denn über sein
Erbrecht kann er selbständig verfügen, und hat er dieses verloren, dann verliert er auch sein Recht an den Erbschaftssachen.

Schliesslich sei bemerkt, dass die Aufhebung der Gemeinschaft nur bezüglich des Erbrechts, nicht aber bezüglich der
einzelnen durch den Erwerb der Erbschaft gemeinschaftlich
gewordenen Rechte verlangt werden kann.

2) Während Bestehens der Gesellschaft finden auf dieselbe die Vorschriften über die Gemeinschaft nach Bruchtheilen überall keine Anwendung.

Soweit das Gesellschaftsvermögen (§ 718) in körperlichen Sachen besteht, bestimmen sich die Rechte des einzelnen Gesellschafters auf Erhaltung und Verwaltung derselben ausschliesslich nach dem Inhalte des Gesellschaftsvertrages; jeder übt nur die Befugnisse aus, welche ihm von den anderen vertragsmässig übertragen sind. Seine Eigenschaft als Gesellschafter an sich giebt ihm nicht die Rechte, die bei der Gemeinschaft nach Bruchtheilen jedem Theilhaber nach §§ 743 bis 745 zustehen.

Nicht nur bezüglich der einzelnen zum Gesellschaftsvermögen gehörenden Gegenstände, sondern auch bezüglich des letzteren selbst besteht Gemeinschaft zur gesammten Hand, deshalb kann der einzelne Gesellschafter weder über seinen Antheil an den einzelnen Gegenständen noch über seinen Antheil am Gesellschaftsvermögen verfügen; er kann nicht (wie der Miterbe) seine Stellung in der Gesellschaft auf einen Dritten übertragen. Wer die Befugniss hat nach Aussen über das Gesellschaftsvermögen und dessen Bestandtheile zu verfügen, der handelt nicht in Ausübung eines Sonder- oder Individualrechts, sondern „in Vertretung kraft Gemeinschaftsrechts"[1] Nach aussen kann keiner ein eigenes Sonderrecht, sondern nur, soweit seine Vertretungsmacht reicht, das gemeinschaftliche Recht geltend machen; ist für eine Vertretung nicht gesorgt, so können nur alle insgesammt handeln. Dasselbe gilt natürlich auch für einen Rechtsstreit; erhebt ein Dritter Klage gegen ein Mitglied einer Gesellschaft und fordert Herausgabe des dem Beklagten zustehenden Antheils am Gesellschaftsvermögen, so ist das in diesem Prozesse ergangene Urtheil, selbst wenn wir den unwahrscheinlichen Fall annehmen, dass Kläger mit seiner Klage durchdringt, gegenüber der Gesellschaft vollkommen wirkungslos. Dieser Grundsatz ist, wie bereits oben[2] bemerkt, durch die Vorschrift des § 725 durchbrochen, welche jedem Gesellschafter die Möglichkeit giebt durch einen fingirten Prozess die Gesellschaft zu sprengen.

---

1) Gierke, Deutsches Privatrecht S. 680.
2) Seite 78.

Was die „Aufhebung der Gemeinschaft" betrifft, so kann dieselbe weder bezüglich der einzelnen Gegenstände, noch bezüglich des Gesellschaftsvermögens im Ganzen (z. B. dergestalt, dass die Gesellschaft zwar fortbestehen, das vorhandene Vermögen aber aufgetheilt werden soll) verlangt werden, sondern nur bezüglich der Gesellschaft, d. h. bezüglich des zwischen den Gesellschaftern bestehenden Rechtsverhältnisses; deshalb spricht denn auch das Gesetz von der „Auflösung" der Gesellschaft (§ 730). Nur bezüglich des „Gewinnes" kann eine Auseinandersetzung vor der Auflösung verlangt werden (§ 721 Absatz 2). Für die Art der Auseinandersetzung gelten im Allgemeinen die Regeln über die Gemeinschaft nach Bruchtheilen.

3) Die allgemeine Gütergemeinschaft. Bezüglich der zum Gesammtgut gehörigen Sachen steht dem Manne nach § 1443 das Recht der Verwaltung und des Besitzes zu. Jedoch ist dieses Recht der Frau gegenüber kein ausschliessliches. Die Frau ist zum Mitbesitze berechtigt, und wenn sie auf Grund ihrer Schlüsselgewalt und — bei Abwesenheit des Mannes oder wenn ein Widerspruch von seiner Seite weder verlautbart ist noch zu erwarten steht — auch selbst über dieselbe hinaus im Hause waltet, so liegt darin weder Besitzstörung noch negotiorum gestio, sondern eine Ausübung des eigenen Besitzrechts; diese Ausübung kann der Mann zwar vorläufig inhibiren, jedoch kann er der Frau das Recht selbst nicht entziehen (§ 1357 Abs. 2).

Beide besitzen und Beide verwalten. Dem Manne gebührt der Vorzug; doch auch er verwaltet das Gut nicht für sich, sondern für die gemeinsamen Ehezwecke, deshalb hat er den Schaden zu ersetzen, den er dem Gesammtgut, in der Absicht die Frau zu benachtheiligen, zugefügt hat (§ 1456), und er kann in diesem Falle sogar seiner Rechte verlustig erklärt werden (§ 1468 Nr. 2). Nach aussen gilt in erster Reihe der Mann als Vertreter der Gemeinschaft: er kann „über das Gesammtgut verfügen sowie Rechtsstreitigkeiten, die sich auf das Gesammtgut beziehen, in eigenem Namen führen" (§ 1443). Was den Rechtsstreit anbelangt, so bedarf diese Bestimmung näherer Erläuterung: der Mann klagt „in eigenem Namen" aber nicht kraft eigenen Sonderrechts, sondern „in Vertretung kraft Gemeinschaftsrechts", nicht für sich, sondern für das Gesammtgut; denn wenn Beklagter, der auf Herausgabe einer Sache belangt wird, einwendet, dass er auf Grund eines mit der Frau, in den Grenzen ihrer Vertretungsmacht, geschlossenen Vertrages ein Recht zum Besitze der Sache erworben hat (z. B. die Frau hat abgenutztes Hausgeräth veräussert oder dem Fleischer ein Pfand gelassen), so wird der Mann mit seiner Klage abgewiesen.

Neben dem Manne steht auch der Frau ein Verfügungsrecht zu: ist der Mann durch Krankheit oder Abwesenheit verhindert, so übt die Frau seine Rechte im eigenen Namen oder im Namen des Mannes aus (§ 1455), ausserdem verfügt sie in den Grenzen der Schlüsselgewalt, auch wenn der Mann nicht verhindert ist.

Die Verfügungsmacht der Frau enthält nur die ihr vom Gesetz ausdrücklich eingeräumten Befugnisse, die Verfügungsmacht des Mannes wird nur durch die vom Gesetz ausdrücklich gezogenen Schranken begrenzt. Derartige Beschränkungen enthalten die §§ 1444 bis 1446.

Insoweit nun einem der Ehegatten die Verfügung über das Gesammtgut oder über einen zum Gesammtgut gehörigen Gegenstand entzogen ist, insoweit kann er auch nicht über seinen Antheil verfügen, weder durch Rechtsgeschäft noch im Rechtsstreit.

Die Aufhebung der Gemeinschaft kann der einzelne Ehegatte weder bezüglich einzelner Gegenstände noch bezüglich des Gesammtgutes verlangen, sondern nur bezüglich des persönlichen Verhältnisses der Ehe, oder des vermögensrechtlichen Verhältnisses der „allgemeinen Gütergemeinschaft"; beides jedoch nur aus besonderen, im Gesetze genau festgestellten Gründen.

Ist die Gütergemeinschaft aufgehoben, so steht die Verwaltung des Gesammtguts bis zur Auseinandersetzung beiden Ehegatten gemeinschaftlich zu; es werden also im Verhältniss der Ehegatten zu einander im Wesentlichen die Grundsätze der Gemeinschaft nach Bruchtheilen, sowie des Mitbesitzes zur Anwendung gelangen.

Für die Art der Auseinandersetzung gelten auch hier ergänzend die Vorschriften über die Gemeinschaft nach Bruchtheilen (§ 1477). Die vorstehend entwickelten Grundsätze finden entsprechende Anwendung auf das Gesammtgut bei der Errungenschafts- und bei der Fahrnissgemeinschaft.

Schliesslich sei noch bemerkt, dass an einer und derselben Sache ein doppeltes Gemeinschaftsverhältniss bestehen kann, und zwar zu einem Antheil Miteigenthum nach Bruchtheilen, zu einem anderen Antheile Eigenthumsgemeinschaft zur gesammten Hand.

Dieses liegt z. B. in folgenden Fällen vor: Ein Miteigenthümer eines Landguts wird von Mehreren beerbt, oder aber er geht eine Ehe ein und begründet allgemeine Gütergemeinschaft. Die „freien" Miteigenthümer werden dadurch natürlich nicht in der Verfügung über ihren Antheil behindert, und jeder von ihnen kann die Aufhebung der Gemeinschaft nach allgemeinen Grundsätzen verlangen; das Grundstück steht eben nach wie vor „im Miteigenthum", Eigenthumsgemeinschaft zur gesammten Hand liegt nur bezüglich eines Bruchtheils vor, dieser ist Gegenstand des Nachlasses resp. des Gesammtguts. Jeder einzelne Miteigenthümer — und einen solchen repräsentiren auch die Erben zusammen resp. das Ehepaar zusammen — kann bezüglich der Verwaltung und Erhaltung der Sache die ihm in §§ 743 bis 745 eingeräumten Rechte ausüben.

Auch in anderer Weise können Gemeinschaft nach Bruchtheilen und Gemeinschaft zur gesammten Hand in einander greifen. Wenn z. B. die Miteigenthümer eines Landguts zum Zwecke der gemeinschaftlichen Bewirthschaftung desselben einen Gesellschaftsvertrag schliessen, ohne das Landgut zum Gesellschaftsvermögen zu machen (wozu Eintragung ins Grundbuch erforderlich ist), so bleibt nach aussen jeder — Miteigenthümer „zu einem Bruchtheil" und verliert nicht die Befugniss zur Veräusserung und Belastung seines Antheils; im Verhältniss der Miteigenthümer zu einander, insbesondere was die Verwaltung des Landguts und die Vertheilung des Gewinnes anbetrifft, gelten dagegen ausschliesslich die Vorschriften über den Gesellschaftsvertrag.

# Schluss.

# Gemeinschaft nach Bruchtheilen und Gemeinschaft zur gesammten Hand.[1]

Steht ein Recht an einer Sache Mehreren gemeinschaftlich zu, so kann dasselbe entweder jedem einzelnen Mitberechtigten pro parte oder in solidum oder aber allen zur gesammten Hand zustehen.

Die Römer kannten nur die beiden ersten Formen. Jedoch sprechen die Quellen von einem getheilten Recht oder einem Theilrecht (z. B. pars dominii) nicht schon dann, wenn der Werth des Rechts oder die Nutzungen oder der Gebrauch der Sache „getheilt" sind, denn alles das trifft auch bei der Praedialservitut zu, von welcher ausdrücklich gesagt ist, dass sie jedem einzelnen der Mitberechtigten in solidum zusteht, und dass sie divisionem non recipit; vielmehr ist für die Römer einzig ausschlaggebend der Umfang, in welchem der einzelne Mitberechtigte sein Recht Dritten gegenüber ausüben darf.

Dem Theilberechtigten steht nur die vindicatio partis zu, und der Beklagte ist, auch wenn er keinerlei Recht an der Sache hat, nicht verpflichtet, gänzlich aus dem Besitz der Sache auszuscheiden, vielmehr hat er dem Kläger nur den Mitbesitz einzuräumen, dergestalt, dass der Kläger nach der Restitution das Recht, welches er pro parte geltend gemacht, gemeinsam mit dem Beklagten nach den Regeln der communio auszuüben hat.

---

1) Vgl. zu dem Folgenden: Gierke, das Genossenschaftsrecht, die Genossenschaftstheorie, der Entwurf und das deutsche Recht S. 275 ff., S. 350 ff., S. 252 ff. und insbesondere Personengemeinschaften und Vermögensbegriffe S. 53 ff. sowie Deutsches Privatrecht I § 80.

Wenn dagegen einer von mehreren in solidum Berechtigten sein Recht vindizirt, so klagt er in solidum, und der Beklagte muss in solidum restituere d. h. dem Kläger die Ausübung des Rechts ganz und voll wie einem Alleinberechtigten einräumen, ein Recht auf Mitausübung steht dem Beklagten nicht zu.

Demzufolge liegt nach der Auffassung der Römer Getheiltheit des Rechts dann vor, wenn ein einzelner von mehreren gemeinschaftlich Berechtigten, unter Berufung auf sein eigenes Recht, Dritten gegenüber nur einen Anspruch auf Mitausübung des gemeinschaftlichen Rechts geltend machen kann — Ungetheiltheit dagegen dann, wenn ein einzelner von mehreren gemeinschaftlich Berechtigten, unter Berufung auf sein eigenes Recht, Dritten gegenüber die alleinige Ausübung beanspruchen darf.

Ein untheilbares Recht kann einem einzelnen von mehreren gemeinschaftlich Berechtigten nur in solidum zustehen, ein theilbares entweder pro parte oder in solidum; letzteres liegt z. B. beim conususfructus plurium in solidum vor; bezüglich des Eigenthums galt im römischem Recht auf Grund positiver Vorschrift eine solche Gemeinschaft als unzulässig.

Genau dieselbe Unterscheidung lässt sich auch im Sachenrechte des B. G. B. durchführen:

Der Miteigenthümer kann, unter Berufung auf sein eigenes Recht, nur Einräumung des Mitbesitzes verlangen, auch wenn der Beklagte keinerlei Recht an der Sache hat. Die Vorschrift des § 1011 resp. § 432, nach welcher jeder Miteigenthümer verlangen kann, dass die Sache für alle Miteigenthümer hinterlegt werde, widerspricht dem nicht. Denn zur Geltendmachung dieses Anspruchs genügt es nicht, dass der Miteigenthümer sich auf sein eigenes Recht beruft, er muss sich vielmehr auf das Recht aller seiner Genossen berufen und den Beweis desselben erbringen. Diese Befugniss des einzelnen Miteigenthümers darf auch nicht mit dem dem disponirenden Gesellschafter oder dem in allgemeiner Gütergemeinschaft lebenden Ehegatten zustehenden Rechte der vindicatio in solidum zusammengeworfen werden; denn diese vindiziren für die Gesammtheit als solche „in Vertretung kraft Gemeinschaftsrechts", jener aber vindizirt für jeden einzelnen seiner Genossen; diese haben nur den Nachweis zu führen, dass die Sache zum Gesell-

schaftsvermögen resp. zum Gesammtgut gehört, jener muss das
Recht jedes einzelnen, von ihm besonders namhaft zu machen-
den Genossen beweisen, und wenn ihm dieser Nachweis auch
nur bezüglich eines einzigen misslingt, oder wenn er nicht zu
beweisen vermag, dass ihnen allen zusammen das Eigenthum
im Ganzen zusteht, so ist der Beklagte nicht verpflichtet, gänzlich
aus dem Mitbesitze auszuscheiden. Dieselben Grundsätze gelten
auch für die übrigen theilbaren Rechte insbesondere den Niessbrauch.

Steht dagegen z. B. das Wohnungsrecht mehreren Personen
gemeinschaftlich zu, so kann jeder einzelne Berechtigte verlangen, dass der Besitzer der Sache ihm die Ausübung des
Rechts ganz und voll, wie einem Alleinberechtigten, einräume;
ein Recht auf Mitausübung steht dem Besitzer nicht zu. Dasselbe
gilt in Bezug auf alle untheilbaren Rechte, und auch dann, wenn
ein theilbares Recht „in solidum" (im Sinne des römischen
Rechts) begründet worden ist. Ein Mehreren in solidum zu-
stehendes Eigenthum ist im B. G. B. nicht für unzulässig erklärt.
Wenn sich daher ein Bedürfniss zeigen sollte, so würde der
Begründung eines solchen nach dem Vorbilde des römischen
conususfructus plurium in solidum nichts im Wege stehen:
Nach aussen könnte dann jeder Genosse das Recht wie ein
Alleineigenthümer geltend machen, im Verhältnisse der Genossen zu einander würden die Regeln über die Gemeinschaft
(§ 741 ff.) gelten. Auch hier muss bemerkt werden, dass die
dem einzelnen in solidum Berechtigten zustehende vindicatio
in solidum nicht mit der vindicatio in solidum des disponirenden
Gesellschafters oder des Ehegatten zusammengeworfen werden
darf. Denn diese nehmen das Recht als zum Gesellschaftsvermögen resp. zum Gesammtgut gehörig in Anspruch und
vindiziren „in Vertretung kraft Gemeinschaftsrechts", jener aber
nimmt das Recht als sein eigenes in Anspruch und vindizirt
kraft eigenen Sonderrechts; daher wird durch ein abweisendes
Urtheil im ersten Falle das Recht aller Gemeinschafter zerstört,
im zweiten Falle nur das Recht der Prozesspartei.

Wir können also auch nach dem B. G. B. (gleichwie nach
römischem Recht) zunächst zwei Arten von Gemeinschaften
unterscheiden, deren Verschiedenheit sich nur in der Geltend-

machung des dem einzelnen Gemeinschafter zustehenden Rechts
gegenüber Dritten äussert, bei welchen dagegen das Verhältniss
der Gemeinschafter zu einander von den gleichen Grundsätzen
beherrscht wird.

Die Römer kennzeichneten den Gegensatz zwischen diesen
beiden Formen der Gemeinschaft mit den Worten pro parte
und in solidum.

Die Terminologie des B. G. B. dagegen bietet uns keinen
Ausdruck, mit dem wir diesen Gegensatz bezeichnen könnten.

Denn die „Gemeinschaft nach Bruchtheilen (§ 741),
bei der „den Theilhabern Antheile zustehen" (§ 742)
fällt nicht zusammen mit der römischen Rechtsgemeinschaft, bei der jedem einzelnen Gemeinschafter das
Recht pro parte zusteht, und sie bildet keinen Gegensatz zu der römischen Rechtsgemeinschaft, bei der
jedem einzelnen Gemeinschafter das Recht in solidum
zusteht; vielmehr umfasst der Ausdruck „Gemeinschaft
nach Bruchtheilen" diese beiden aus dem römischen
in das deutsche Recht übergegangenen Formen der
Gemeinschaft.

Deshalb enthält der Gemeinschaftstitel auch keinerlei Vorschriften über die Ansprüche, die der einzelne „Theilhaber"
aus seinem Rechte gegenüber Dritten geltend machen kann,
denn diese gestalten sich, wie wir gesehen, verschieden, je
nachdem das dem einzelnen Gemeinschafter zustehende Recht
pro parte oder in solidum ist.

Die „Gemeinschaft nach Bruchtheilen" des B. G. B.
umfasst die beiden aus dem römischen Recht stammenden Formen der Gemeinschaft im Gegensatz zu der
aus dem deutschen Recht stammenden „Gemeinschaft
zur gesammten Hand".

Welches nun sind die ausschlaggebenden Unterscheidungs-
merkmale, nach welchen für jede einzelne Gemeinschaft mit
Sicherheit bestimmt werden kann, ob sie „nach Bruchtheilen"
(im Sinne des § 741 ff.) oder „zur gesammten Hand" ist?

Die beiden aus dem römischen Recht stammenden Formen,
welche das B. G. B. als Gemeinschaften nach Bruchtheilen be-

zeichnet, haben zunächst das Gemeinsame, dass jedem Gemeinschafter ein Sonderrecht zusteht, über welches
er selbständig verfügen kann, und durch dessen Veräusserung er aus der Gemeinschaft ausscheidet. Ferner
giebt es bei der Gemeinschaft nach Bruchtheilen keine „Vertretungsmacht kraft Gemeinschaftsrechts", keine gesetzliche
Organisation nach aussen. Schliesslich giebt es hier im Verhältniss der Gemeinschafter zu einander keine inhaltlich ab-
gegrenzten Rechtssphären der Einzelnen, keine Zerlegung des
gemeinschaftlichen Rechts in inhaltlich verschiedene, positiv
fixirte Befugnisse; vielmehr sind nach innen alle aus dem
gemeinschaftlichen Rechte fliessenden Befugnisse gleichmässig
vergemeinschaftlicht, und nur bei den Mehrheitsbeschlüssen
statuirt das B. G. B., abweichend vom römischen Recht, eine
Ungleichheit — eine impar causa[1]) — je nach der Grösse der
Antheile.

Die Gesammthand dagegen hat zunächst das Besondere,
dass dem einzelnen Gemeinschafter kein Sonderrecht
zusteht, über welches er selbständig verfügen und
durch dessen Veräusserung er aus der Gemeinschaft
ausscheiden könnte.[2]) Ferner kann hier eine „Vertretungsmacht kraft Gemeinschaftsrechts" vorhanden sein, vermöge deren
ein Einzelner für die Gesammtheit über gemeinschaftliche Rechte
verfügen darf (so z. B. bei der Handelsgesellschaft und der allgemeinen Gütergemeinschaft); jedoch ist diese „Organisation
nach aussen" kein ausschlaggebendes Merkmal, denn bei der
Gesellschaft des bürgerlichen Rechts kann sie fehlen. Schliesslich
können hier dem einzelnen Gemeinschafter im Verhältniss zu

---

1) Vergl. mein Miteigenthum nach römischem Recht S. 39.
2) Das Anwachsungsrecht, das z. B. im Verhältniss der Gesellschafter
zu einander stattfindet (§ 738) ist kein Unterscheidungsmerkmal zwischen
deutschrechtlicher und römischrechtlicher Gemeinschaft, denn auch bei
letzterer greift es Platz, wenn das gemeinschaftliche Recht jedem in solidum
zusteht. Die weit verbreitete Lehre, nach welcher Akkreszenz im Falle der
Dereliktion bei jeder Gemeinschaft stattfindet, ist in das B. G. B. nicht auf-
genommen, und für das römische Recht ist ihr neuerdings von Pernice
durch eine kurze, Licht schaffende Bemerkung jeder Boden entzogen: „Die
Manumission ist Rechtsübertragung, nicht Rechtsaufgabe" (Parerga IX,
VII S. 98 (177)).

seinen Genossen gewisse Sonderbefugnisse zustehen, es kann
eine Zerlegung des gemeinschaftlichen Rechts in inhaltlich verschiedene Befugnisse in Bezug auf die Verwaltung vorkommen
(so z. B. bei der allgemeinen Gütergemeinschaft); aber auch
diese innere Organisation ist kein wesentliches Merkmal, denn
sie fehlt vollständig bei der Gemeinschaft der Miterben.

Das einzige Merkmal, welches wir bei jeder Form
der Gesammthand wiederfinden, besteht also darin,
dass dem einzelnen Gemeinschafter kein Sonderrecht
zusteht, über welches er selbständig verfügen kann,[1])
und durch dessen Veräusserung er aus der Gemeinschaft ausscheidet; insoweit hier nicht ein einzelner
kraft Gemeinschaftsrechts ermächtigt ist, die Gesammtheit Dritten gegenüber zu vertreten, insoweit kann
über ein gemeinschaftliches Recht oder über einen
„Bruchtheil" desselben nur von allen zusammen, gemeinsam, insgesammt, „mit gesammter Hand" verfügt
werden.

Eine traurige Verwirrung der Begriffe und der Terminologie haben einige ältere Schriftsteller dadurch herbeigeführt,
dass sie das Wort „gesammt" mit „in solidum" übersetzten
und so anstatt von „Eigenthum zur gesammten Hand" von
„Solidareigenthum" sprachen; dadurch wurde die Vorstellung
erweckt, dass man es hier mit einem Rechtsinstitut zu thun
habe, welches dem römischen „Mehreren in solidum zustehenden Rechte" entspreche. Hatte diese Vorstellung einmal Herr-
schaft gewonnen, so lag es natürlich nahe, jede andere Gemeinschaft als „Gemeinschaft nach Bruchtheilen" zu bezeichnen.
Aber „zur gesammten Hand" — manu adunata — bedeutet
doch gerade, dass nur Alle insgesammt, gemeinsam verfügen
dürfen, dass der einzelne kraft seines Sonderrechts
Dritten gegenüber zu keinerlei Verfügung ermächtigt
ist. Daher steht der Begriff „zur gesammten Hand" in weit
stärkerem Gegensatze zu dem Begriffe „in solidum" als zu dem
Begriffe „pro parte".

---

1) Vergl. Gierke, Personengemeinschaften und Vermögensbegriffe
S. 59. Pernice, Parerga IX S. 97 — 98 (176 — 177).

In den Einzelbestimmungen des B. G. B. sind die römisch-rechtlichen und die deutschrechtlichen Gemeinschaften überall sauber auseinander gehalten und klar und deutlich gegen einander abgegrenzt, umsomehr aber zeigt sich in der Terminologie der verderbliche Einfluss jener Begriffsverwirrung.

Zunächst muss festgestellt werden, dass das B. G. B die Ausdrücke Antheil und Bruchtheil (auch Bruchtheil eines Grundstücks z. B. § 1095) einander gleichstellt und zwischen denselben nur aus sprachlichen Rücksichten variirt; so sagt z. B. § 747 „jeder Theilhaber kann über seinen Antheil verfügen"; während § 1106 von der Belastung eines Bruchtheils redet. Wenn wir all die vielen auf die „Gemeinschaft nach Bruchtheilen" bezüglichen Paragraphen, in denen diese beiden Worte gebraucht sind, genau untersuchen, so werden wir höchstens sagen können, dass mit dem Worte „Bruchtheil" gewöhnlich das Sonderrecht als solches, mit dem Worte „Antheil" dagegen das einem bestimmten Theilhaber zustehende Sonderrecht bezeichnet wird. Jedenfalls also bezeichnen beide Ausdrücke das Sonderrecht.

Insoweit lässt sich gegen diese Terminologie nichts einwenden; in gleicher Weise soll auch der Ausdruck „Bruchtheil eines Grundstücks", im Sinne eines Sonderrechts am gemeinschaftlichen Grundstück, nicht bemängelt werden: das ist ein bildlicher Ausdruck, er vereinfacht die Rede und entlastet den Satzbau, und wird kaum zu Missverständnissen Anlass geben. Schliesslich will ich dem B. G. B. auch daraus keinen Vorwurf machen, dass es den Ausdruck Antheil oder Bruchtheil nicht genau in demselben Sinne gebraucht, in welchem die Römer den Ausdruck pars (z. B. pars dominii) brauchten — wie wir gesehen, bezeichnet das Wort Antheil auch das dem einzelnen in solidum Mitberechtigten zustehende Sonderrecht —; denn jedes Gesetzbuch kann sich seine Terminologie selbst wählen, wenn dieselbe nur verständlich, einheitlich und konsequent ist. Bis hierzu kann dieses Zeugniss der Terminologie des B. G. B. ausgestellt werden, und auf Grund des bisher Festgestellten könnten wir sagen: Bruchtheil oder Antheil ist das dem einzelnen Gemeinschafter zustehende Sonderrecht, über welches er selbständig verfügen kann. Aber diese Auffassung ist leider nicht durchführbar, denn auch in den der Gemeinschaft zur

gesammten Hand gewidmeten Paragraphen findet sich der Ausdruck „Antheil". Es mag noch hingehen, wenn § 719 sagt:
„Ein Gesellschafter kann nicht über seinen Antheil am Gesellschaftsvermögen verfügen" (ebenso §§ 1442 und 2033 Abs. 2),
denn in dieser Redewendung liesse sich noch immerhin die
Negation des Antheils, des verfügbaren Sonderrechts, erblicken;
dagegen sagt § 725: „Hat ein Gläubiger eines Gesellschafters
die Pfändung des Antheils des Gesellschafters an dem Gesellschaftsvermögen erwirkt" und § 738: „Scheidet ein Gesellschafter
aus der Gesellschaft aus, so wächst sein Antheil am Gesellschaftsvermögen den übrigen Gesellschaftern zu."

Also auch in der Gemeinschaft zur gesammten Hand stehen
den einzelnen Gemeinschaftern Antheile zu, und die obige
Definition, dass der Antheil das frei verfügbare Sonderrecht
des Einzelnen ist, wird hinfällig.

Wir kämen somit zu dem Resultate, dass das B. G. B. unter
dem Ausdrucke Antheil — einen Antheil am Werthe, an den
Nutzungen, eine Grössenbestimmung für die Auseinandersetzung
versteht.

Auch damit könnte man sich zufrieden geben, denn diese
Ausdrucksweise ist an sich nicht sprachwidrig, und in diesem
Sinne kann der Ausdruck Antheil in der That auf jede Art der
Gemeinschaft angewandt werden: Gehört ein Grundstück im
Werthe von drei Millionen drei Miteigenthümern zu gleichen
„Bruchtheilen", und beträgt das Vermögen einer aus drei Mit-
gliedern bestehenden Gesellschaft, denen bei der Auseinander-
setzung gleiche Theile gebühren, drei Millionen, so kann so-
wohl jeder Miteigenthümer als jeder Gesellschafter sich „Millio-
när" nennen.

Aber weshalb in aller Welt nennt dann das B. G. B. die
römische Gemeinschaft im Gegensatz zur deutschen eine „Gemeinschaft nach Bruchtheilen"? Hier ist die Verständlichkeit,
die Einheitlichkeit und die Konsequenz der Terminologie vollständig in die Brüche gerathen.

Wollen wir daher eine zutreffende Bezeichnung für die
römischrechtlichen Gemeinschaften finden, welche den Gegensatz zur deutschrechtlichen Gemeinschaft deutlich zum Ausdruck
bringt, so müssen wir zunächst auf eine Verwendung des Wortes

Bruchtheil oder Antheil gänzlich verzichten. Auch an den Wortschatz der römischen Quellen dürfen wir uns zu diesem Zwecke nicht wenden, denn in Rom war dieser Gegensatz unbekannt.

Vielleicht würden sich folgende Ausdrücke zur Hervorhebung des Unterschiedes eignen: Gemeinschaft ohne frei verfügbare Sonderrechte und Gemeinschaft mit selbstständigen, frei verfügbaren Sonderrechten; gebundene Gemeinschaft und ungebundene oder freie Gemeinschaft; Gemeinschaft zur gesammten Hand und Gemeinschaft zur freien oder ungebundenen Hand.

Innerhalb der letzteren kennt das B. G. B., gleich dem römischen Recht, zwei Unterarten: die Gemeinschaft, bei der jedem Mitberechtigten das gemeinschaftliche Recht „in solidum" zusteht, und die Gemeinschaft, bei der jedem Mitberechtigten das gemeinschaftliche Recht „pro parte" zusteht. Hier wäre es natürlich sehr bequem und zweckmässig, die beiden lateinischen Worte einfach durch die entsprechenden deutschen Worte zu ersetzen: „zu einem Bruchtheil" und „im Ganzen". Aber das würde dem Sprachgebrauch des Gesetzes strikt zuwiderlaufen, denn nach dem B. G. B. sind beide Formen „Gemeinschaften nach Bruchtheilen", und eine wissenschaftliche Terminologie kann wohl praeter legem, nicht aber contra legem gebildet werden.

Wer daher auch für die römischrechtlichen Institute des B. G. B. das Fortbestehen einer lateinischen Terminologie für nicht wünschenswerth erachtet, wird sich mit einem kurzen, das Wesentliche hervorhebenden Satze begnügen und sagen müssen:

Bei der Gemeinschaft zur freien oder ungebundenen Hand sind zwei Formen zu unterscheiden; bei der einen kann jeder Mitberechtigte kraft seines Sonderrechts Dritten gegenüber die Alleinausübung des gemeinschaftlichen Rechts für sich in Anspruch nehmen (diese Form ist sowohl bezüglich der untheilbaren als auch der theilbaren Rechte zulässig); bei der anderen kann jeder Mitberechtigte kraft seines Sonderrechts Dritten gegenüber nur die Mitausübung des Rechts

für sich in Anspruch nehmen (diese Form ist nur bezüglich der theilbaren Rechte zulässig).

Uebrigens wird es sich wohl kaum ganz vermeiden lassen,
bei Besprechung der Einzelbestimmungen des B. G. B. von den
Ausdrücken Bruchtheil und Antheil Gebrauch zu machen; nur
soll man sich dabei unbedingt stets Folgendes gegenwärtig halten:

1) Das Wort Bruchtheil oder Antheil deckt sich nicht mit
der römischen „pars".

2) Das Wort wird auch im B. G. B. nicht überall im gleichen
Sinne gebraucht; vielmehr bedeutet es einmal die „pars" der
Römer, ein andermal „das dem Gemeinschafter zustehende
selbständige und frei verfügbare Sonderrecht", ein drittes mal
„der im Vermögen des Gemeinschafters steckende Theil des
Werths des gemeinschaftlichen Gegenstandes".

3) Aus dem Umstande, dass das Gesetz im Hinblick auf
ein bestimmtes Rechtsverhältniss das Wort Bruchtheil oder
Antheil gebraucht, darf man keinerlei Schlüsse auf die juristische
Natur dieses Rechtsverhältnisses ziehen.